教科書には載っていない

# 大日本帝国の真実

The Truth of Great Japanese Empire

武田知弘

彩図社

# はじめに

1917年、近代世界史の上で画期的なことが起こった。あるアジアの国の艦隊が、ヨーロッパのおひざもとである地中海に侵入したのである。そのアジアの国とは、大日本帝国である。

第一次世界大戦末期のこと、同盟国イギリスが、地中海の対ドイツ潜水艦のため、日本の艦隊の派遣を要請した。

この要請を受け、1917年6月、日本海軍の佐藤提督は、巡洋艦明石と3隻の駆逐艦を率いて地中海に入った。16世紀に西欧がアジア侵攻を開始して以来、アジアの国の艦隊が地中海に侵入したことはなかった。つまり佐藤提督率いる艦隊は、近世以来、アジア諸国の艦隊として初めて地中海に入ったのである。

ご存知のように、近世以来、アジアはヨーロッパ諸国の侵攻に苦しんできた。アジアの多くが植民地化され、欧米諸国にいいようにされてきた。アジアの大国、清でさえ、アヘン戦争でイギリスに敗れ、国土を蹂躙されてきた。

アジアは西欧諸国から侵攻されるばかりで、アジア側からヨーロッパに乗り出すことは皆無だったのだ。

その流れが、この1917年に変わったのである。

このとき大日本帝国は成立からわずか50年しか経っていない。しかしこの時点ですでに世界第3位程度の軍事力を持っていた。この国家が、いかに急速に発展し、軍事力をつけたのかがわかるエピソードである。

「暗黒の時代」

「軍国主義の時代」

「日本中が戦争のために犠牲になった時代」

大日本帝国というと、そういう言われ方をされることが多い。

しかし「世界史」という視野から見た時、「大日本帝国」という国は、非常にユニークというか、特異な国である。

他のどこにも類似する国がないのだ。

大日本帝国は、19世紀後半にアジアの片隅に突如として現れる。

それ以前、日本という存在は、世界史の中ではないに等しいものである。せいぜいマルコ＝ポーロの見聞録か、イエズス会の宣教の記録の一端に出てくる程度である。世界中の小学校の教科書で、19世紀以前の日本のことを取り上げていることは、ほとんどないのだ。19世紀後半、アメリカのペリー艦隊が、中国大陸からちょっと離れた島国を無理やり開国させた。アメリカは捕鯨船の補給のため、この島国の港を必要とした。だから、開国させたのである。

当時の欧米諸国は、この島国のことを中国の属国程度にしか思っていなかった。アラブ、アジア、アフリカを次々と征服し、アヘン戦争で中国をわけなく叩きのめした欧米列強にとって、属国の島国など眼中にない存在だった。

その島国は、３００年近く欧米との交流はほとんどなく、西洋の技術はあまり入っていなかった。男たちは、中国の弁髪に似た「ちょん髷」という髪形をしており、女たちも髪を結いあげていた。そしてサムライという刀を持った軍人が街中を闊歩している。

欧米諸国にとって、日本という国は、アジアの変な文化をもった小国のひとつにすぎなかった。しかし、この国は、他のアジア、アフリカ諸国とはちょっと違っていた。開国するとすぐに、強力な中央集権国家を作り上げたのだ。

他のアジア、アフリカ諸国は、封建制度からなかなか抜けられず、各地に豪族、軍閥がひしめき内戦を繰り返していた。そこに欧米諸国はつけこんで、植民地化していったのである。

しかし日本では内戦らしい内戦はなく、中央集権国家ができたので、欧米諸国はつけこむ隙がなかった。

そしてこの国は、欧米の科学や文化を取り入れ、瞬く間に国家を「洋式」にしてしまった。欧米の国家システムを習い憲法を作り、「大日本帝国」と名乗るようになった。

成立からわずか30年で、宗主国とみられていた清に戦いを挑み、これをねじ伏せた。

さらにその10年後、欧米列強の中でも最強国のひとつ、ロシアと干戈を交え、なんとこれをも下してしまったのである。

また1920年に史上初の国際議決機関である「国際連盟」が設立されると、トップ4の常任理事国に名を連ねた。

他の常任理事国はすべて西洋の大国である。

アジアの小さな島国がここに入っているというのは、特異なことだった。西洋から苦しめられてきたアジア、アフリカ、アラブの国々は、この国を絶賛し、尊敬するようになった。

しかし、この国の繁栄は長くは続かなかった。

この国はやがて世界から孤立し、世界中を敵にして戦争をしてしまう……。

## 第二章 大日本帝国が目指した国家像

# 第三章　運命の日露決戦

## 第四章 殖産興業と驚異の経済成長

## 第五章 戦争依存国家と軍部の暴走

# 第六章 大日本帝国はなぜアメリカと戦ったのか？

## 第七章 大日本帝国はアジアの解放者だったのか？

# 第一章

# 明治維新という奇跡の革命

# 1 それはアヘン戦争から始まった

## 【革命の原動力となった欧米列強の脅威】

### ●大日本帝国の起源

大日本帝国はなぜ生まれたのか?

その起源をたどるとき、嘉永6(1853)年の黒船の到来が挙げられることが多い。この年、ペリー提督が率いる4隻のアメリカ艦隊「黒船」が浦賀に来航。半年後、ペリーは再び7隻の艦隊を伴って現れ、日本は開国させられることになった。それを不満に思った志士たちが明治維新を起こし、大日本帝国がつくられたのだ……と。

たしかに黒船の到来は、日本史において非常に重要な出来事であり、それが大日本帝国の誕生に大きな影響を与えたことは間違いない。しかし、実はそれ以前に起きた、ある世界史の出来事が大日本帝国の成立に深く関係していたのである。

その歴史上の出来事とは、1840年のアヘン戦争である。世界の強国であるイギリスに中国(当時は清)が侵略されたこの戦争は、極東の島国である日本にも大きな衝撃を与えたのだ。

戦争の発端は、清とイギリスの貿易摩擦だった。

当時、イギリスは清との間で巨額の貿易赤字を抱えていた。イギリスは中国から莫大な量の紅茶の茶葉を輸入していた。しかし、イギリスから清に輸出するものはほとんどない。その結果、イギリスは茶葉の代価として支払う銀の流出に頭を悩ませるようになっていった。貿易赤字が積み上がる中、イギリスはとんでもない手を思いつく。アヘンの密輸である。

アヘンはケシから作られる麻薬で、非常に強い中毒性がある。当時、清ではすでにアヘンが蔓延しており、清政府はアヘンの輸入を禁じていた。

イギリスはそれを知りながら、インドで製造したアヘンの密輸を始めた。アヘンは飛ぶように売れた。清は街に溢れかえった阿片中毒者と、アヘンの対価として支払う巨額の銀の流出に悩まされるよう

アヘン戦争の模様。右奥のイギリス戦艦の攻撃で、清の軍艦が撃沈されている。

になった。

事態を重く見た清政府は、改めてアヘンの密輸と吸引を禁じると、アヘンの密輸港となっていた広東で積み荷のアヘンを没収。加えてアヘン商人の締め出しを図った。

イギリスはそれに武力で報復する。大艦隊を天津に派遣、清に攻撃を加えたのだ。イギリス艦隊は破竹の勢いで清の艦隊を撃破し、1842年に清は降伏。清は南京条約に調印し、巨額の賠償金に加えて、香港を割譲し、広東や上海など5港を開港することになった。

貿易赤字を解消するために麻薬を密輸出し、それを咎められると攻撃を加えて国土まで奪い取る……現在の国際常識から見ると、滅茶苦茶な話である。もし、いま同じようなことがあればイギリスは世界中から非難され、各地でイギリス製品のボイコット運動などが起こるはずだ。しかし、当時はそんなゴリ押しが当たり前の時代だった。帝国主義が絶頂期を迎えた18～20世紀の初頭は、力こそ正義という弱肉強食の論理がまかり通っていたのである。

このアヘン戦争の惨状は、日本にも伝えられていた。江戸時代、日本は鎖国をしていたが、外部から入ってくる情報まで遮断していたわけではない。朝鮮とは定期的に通信していたし、清とも国交があった。また、西欧のオランダとは小規模ながら交易を続けていたため、断片的にではあったが世界情勢は伝わっていたのだ。

アヘン戦争が終結した年（南京条約が結ばれた年）の2年後の弘化元（1844）年には、オランダ王から幕府宛に次のような内容の書簡が届いている。

「今、貴国の幸福なる地をして兵乱のために荒廃せざらしめんと欲せば、異国人を厳禁する法を緩め給うべし」

つまりは、「アヘン戦争で中国がイギリスに散々にやられてしまった。このようになりたくなければ、日本は外国との交易の厳しい制限を緩和するべきだ」と言っているのだ。オランダ王としては、日本との長年の付き合いから、好意として助言したものであろう。幕府は、この助言を黙殺した。鎖国を強化することで、この難局を乗り切ろうと考えたのだ。

しかし、幕府が黙殺しても、アヘン戦争の情報はすでに日本の知識層に浸透していた。

「うかうかしていると中国のような目に遭うのではないか」

欧米列強の容赦ない侵攻を耳にした日本の知識層は、日本が危機に直面していることを知った。その危機感が「現在の国家体制を壊し、新しい強力な国家をつくるべし」という討幕運動を起こし、大日本帝国の誕生へとつながっていくのである。

東条英機は、東京裁判の時、弁護士にこう語ったという。

「この裁判はアヘン戦争にさかのぼって、双方を対象とするべきである」

これはあながち詭弁とは言えまい。大日本帝国の歴史は、西欧のアジア侵略を抜きにしては語れないのだから。

## ●黒船の衝撃と幕府の失墜

嘉永6（1853）年6月、アメリカのペリー提督が率いる4隻の軍艦、いわゆる〝黒船〟が三浦半島の浦賀沖に来航した。黒船は江戸湾（東京湾）の測量などを始めると、空砲を撃ち鳴らした。江戸は初めて見る巨大な黒塗りの蒸気船に大パニックに陥った。

幕府は、オランダの情報であらかじめ黒船がくることを知っていた。しかし、幕府の内部には危機感を抱く者が少なかったと言われている。外国の艦隊が日本の沿岸にやってくるのは初めてのことではない。過去にも通商を求めてアメリカの東インド艦隊が来航したことがあったが、断ると大人しく帰っていった。今回も同じだろうと考えたのである。

しかし、ペリーはそうではなかった。断れば一戦も辞さずの覚悟で乗り込んできたのだ。

ペリーは、日本の開国を求める大統領親書を持ってきていた。幕府の下級役人がそれを受け取りにいくと「もっと上役を出せ」と言って譲らない。それどころか、身分の高い役人がこなければ、兵を率いて上陸し、将軍に直接渡しに行くとまで言っている。

幕府は困ってしまった。これまでやってきた外国人はここまで強引ではなかったからだ。結局、幕府はペリー一行の浦賀への上陸を許し、浦賀奉行に親書を受け取らせた。その際の会談で親書の返事は1年後にすることに決まり、ようやくペリーは去っていった。

黒船来航時の横浜港

ペリーが帰った後、幕府は大急ぎで対応を協議した。幕臣だけでは妙案が出ないので、外様大名や民間の有識者にも意見を求めたが、結局方針は決まらない。とりあえず、ペリー再来に備えて東京湾沿岸に砲台を築き、海外に軍艦を注文するのが精一杯だった。

約束の期日より半年も早い安政元年1月、ペリーは7隻の軍艦をつれて再来した。ペリーは日本を去った後、立ち寄った香港で病気療養中だった将軍家慶の死を知った。幕府が跡継ぎの問題で混乱する中、不意をついたのである。

1ヵ月にもわたる協議の末、幕府は要求を聞き入れ、日米和親条約を締結した。

幕府の要職者は、当然、アヘン戦争のことを知っていた。要求を拒めば、武力で無理やり開国させられることになるかもしれない。そうなれば、清のように国をボロボロにされることが目に見えている。幕府にアメリカの要求を拒むことはできなかったのだ。

幕府はこの条約によって、下田と箱館を開港。さらにその4年後、幕府はアメリカと日米修好通商条約を結び、神奈川、長崎、箱館、新潟、兵庫を開港（下田は封鎖）し、貿易の自由化を認めた。日本は本格的に開国することになったのだ。

だが、この幕府の対応は大きな反発を招くことになる。

当時の日本では、外国の脅威を打ち払い、鎖国体制を維持しようとする「攘夷論」が盛り上がりをみせていた。そうした思想を持つ者からすれば、幕府の姿勢は外国の圧力に屈した弱腰外交以外のなにものでもない。しかも、幕府は朝廷の勅許を得ることなく、独断で条約を結んでいた。もう幕府には任せておけない、条約を破棄せよ、という声がわき上がってきたのだ。

幕府はそれらの声を抑えこむために、反対派を弾圧。100名以上が処罰された安政の大獄を引き起こす。しかし、反対派の声はやむどころか、ますます勢いを増していった。

そして、その声はやがて幕府を倒し、新たに天皇を中心とした国家を作り上げようとする動きにつながる。それが明治維新のもとになった「尊王攘夷運動」である。

## 2
## 【「政治体制を昔に戻す」という奇妙な革命】
# 明治維新とは何だったのか？

ＮＨＫの大河ドラマは、幕末がテーマの場合、戦国時代が舞台の作品に比べて視聴率が落ちる傾向があるという。なぜかというと、幕末はわかりにくいからだそうだ。

たしかに、幕末というのは少々ややこしい。

戦国時代ならば、単純に「勝った者が天下を取る」という図式がある。だが、幕末の場合は単なる国盗り合戦とは違う。明治維新の原動力となったのは尊王攘夷運動だが、この尊王攘夷という思想自体が非常に分かりにくい。しかし、その思想は後に誕生する大日本帝国を考える上で非常に重要な思想である。なぜ、尊王攘夷運動が起きたのか。そして、明治維新とは何だったのか、ここで整理してみよう。

### ●なぜ尊皇攘夷が起きたのか？

本書ではすでに何度か述べているが、尊王攘夷とは、天皇を中心とした国を作り、外国を打ち払おうという考え方である。

このうち、外国を打ち払おうというのはよく分かる。当時、欧米列強はいよいよ東アジアにも食指を動かし始めていた。その脅威を退け、国を守ろうという考えが起こるのは自然な流れだろう。不思議なのは、それがなぜ天皇中心の国家でなければならないか、という点である。

日本の歴史を振り返ってみると、たしかに天皇が国を治めた時代はあった。しかし、それは幕末から見てはるかに昔の話である。なぜ幕末になって、天皇がクローズアップされるようになったのだろうか。

実は「天皇中心の国家に……」という考えは、幕末になって初めて生まれたものではない。江戸時代中期には早くも存在していた考え方だった。

きっかけは時代劇でおなじみの水戸黄門である。

水戸黄門こと水戸光圀は、水戸藩の二代目藩主で、徳川家康の孫にあたる人物である。その光圀公が、明暦３（１６５７）年に『大日本史』という歴史書の編纂に着手する。神武天皇から数えて天皇１００代の治世をまとめ上げようという大著で、明治時代になってようやく完成した壮大なものだった。

その編纂の過程で、水戸藩ではある考え方が生まれる。「日本はもともと朝廷が支配していた国なのだから、朝廷が政治を行うのが本来の姿ではないか」というのだ。

水戸藩といえば、将軍を輩出することができる徳川御三家の一角である。いわば幕府の身内中の身内である立場の藩で、なぜそうした考え方が生まれたのだろうか。

日本では、鎌倉時代以降、武家が政治を行ってきた。しかし、いくらその支配力が絶対でも、国の頂点に君臨するのは武家ではない。大和朝廷によって日本という国家が誕生してから、日本の最高権力者は、建前上、ずっと天皇だった。事実、鎌倉時代から江戸時代にかけて、日本を支配した武家のトップは権力を正当化するために天皇の後ろ盾を得ている。それは江戸時代も同様で、建前上、幕府は天皇から権限を授けられ、政治を行うという体制だったのである。

『大日本史』は、光圀公が傾倒していた中国伝来の朱子学の影響を受けていた。朱子学には「尊王賤覇」という思想がある。簡単に言えば、「武力で国を支配する覇王を良しとせず、徳で国を支配する王道を尊ぶ」という考え方だ。この考えに従うと「幕府＝覇王」で「天皇＝王道」ということになる。そこから、「朝廷が政治を行うのが日本本来の姿ではないか」とする声が起こったのである。

この水戸藩で生まれた考えは、水戸学と呼ばれ、江戸時代中期には水戸藩以外の多くの藩でも学ばれるようになった。水戸学は当時の知識人の一般教養になり、幕末に活躍した西郷隆盛や木戸孝允、勝海舟、坂本龍馬など多くの者に影響を与えたといわれている。

その水戸学がペリーの来航で化学反応を起こす。

外国の脅威を前に幕府の威信が低下する中、国内では相対的に朝廷の権威が強まっていった。それに応じて、水戸学の「尊王思想」は明確に天皇に結び付けられるようになる。そして天皇中心の国家を目指す「尊王思想」と外国を打ち払う「攘夷運動」は、いつしか体制打倒のスローガンとなり、倒幕の流れが加速していったのだ。

## ●「政権を自ら返上する」という奇妙な革命

明治維新というのは「大政奉還」によって生じたものである。

この大政奉還というのは、世界史の中では非常に奇妙な「革命」である。一般的な革命は、時の政権に対して革命側が武力で挑戦し、勝利することによって成し遂げられる。しかし、大政奉還の場合は「時の政府（幕府）が自ら政権を返還」している。こういう革命は、世界的に見てほとんど例がないのである。

なぜ、こうした奇妙な革命が起きたのだろうか。

その経緯は次のようなものである。

江戸末期、新しい国家体制を望む志士たちは、薩摩藩、長州藩を中心に結集し、武力で幕府を倒そうとしていた。江戸幕府は250年以上も続く政権であり、当時の人々にとってその存在は絶対的なものだった。その絶対的な政権を倒すには、武力しかない。西郷隆盛や木戸孝允をはじめ、倒幕のために立ち上がった志士たちのほとんどはそういう考えを持っていた。

大政奉還の図（邨田丹陵）

しかし、慶応3（1867）年、土佐藩出身の志士、坂本龍馬らが幕府に自発的に政権を返上させる「大政奉還案」を提案する。坂本龍馬はそれまで倒幕に尽力してきた人物だった。それなのになぜ、あと少しで幕府が倒れるという時になって大政奉還を持ちだしてきたのか。

簡単に言うと、内戦を起こしたくなかったからである。

薩長と幕府の戦争になれば、300諸藩が入り乱れての大戦争になるかもしれない。戦乱は数年続くかもしれず、そうなれば欧米列強の介入を招くおそれがある。それは何より避けるべきことだったのだ。

欧米がアジアを侵攻するとき、実は最初からあからさまな武力攻撃をすることはほとんどなかった。まず力ずくで国交を認めさせる。そうするとその国は混乱し、内戦が起きる。その内戦につけこんで侵攻していくのである。

アジアの大国、清もまさにそのパターンだった。

清は、前述のように1840年のアヘン戦争で無理やり開国させられた。それ以来、国が混乱し、1850年には国家的規模の内乱「太平天国の乱」が起きた。この内乱につけこまれ、清の主要都市である上海は、事実上、欧米列強の手に渡った。その後も「割譲」、「租借」を繰り返され、国土は虫食い状態になってしまった。

幕末の日本にもそういう情報は入っていた。だから坂本龍馬らは、内戦を起こさずに、幕府を倒そうとしたわけである。

坂本龍馬は、薩摩藩と長州藩の同盟にも立ち会っており、両藩の信頼も厚い。そういう人物が提案したことなので、倒幕派の薩長としても耳を傾けざるを得ない。一方、幕府としても薩長と戦争になっても勝てるかどうかはわからない。幕府の勢威は日に日に衰えているし、政権にしがみつくよりはここで返上した方がいいかもしれない、そういう機運が生まれていたのだ。その結果、幕府が大政奉還を受け入れ、世界史的にも珍しい戦争なしでの革命が成功したのである。

大政奉還の後、薩摩藩、長州藩の官軍と旧幕府軍の間では戦争が勃発している。が、これもすでに大政奉還が成立していたので長引くことはなく、半年あまりで収束した。19世紀から20世紀にかけて、アジア諸国で起きた泥沼の内戦に比べれば、日本の内戦は驚異的に収束が早かったといえる。

幕府から政権を引き継いだ明治新政府は、〝国を代表する政権〟として幕府が諸外国との間で結んでいた条約も引き継いだ。その結果、大日本帝国は成立してわずか半年で、国際的に独立国家として認められることになった。これが明治維新であり、新生日本の船出だったのだ。

# 3 【新生日本の設計図は坂本龍馬が描いた⁉】斬新だった大日本帝国の建国精神

## ●龍馬が描いた大日本帝国の設計図

大日本帝国の青写真を作ったのはだれか？

見方によって色々な名前が出てくるが、あえてひとり挙げるとするならば、坂本龍馬ということになるだろう。

慶応3（1867）年、大政奉還によって政権は幕府から朝廷に戻された。だが、それまで倒幕運動を繰り広げてきた志士たちは、幕府を倒した後、どういう国家を作ればいいのか、という構想をあまり持っていなかった。

江戸幕府は250年以上続いてきた、当時の武士たちにとっては絶対的な存在だった。それを打ち倒すためには、すさまじいエネルギーが必要になる。志士たちは幕府を倒すことばかりに懸命で、その後の国家体制のことなど考える余裕はなかったのである。

そのような中、新しい国家像を具体的に提示したのが、坂本龍馬だった。

### ■ 船中八策

一、政権は朝廷に返還し、今後の政権運営は朝廷が行う
一、上下二つの議会を設け、議員による公議で何事も決定する
一、能力ある人材を取り立てて、能力がないのに門閥だけ職についている者を取り除く
一、外国と広く交際するべし。外国との条約は新たに締結する
一、古来の国の仕組みを参考にしながら、新しい国家制度を作る
一、充実した海軍を作る
一、首都を防衛する親兵を設置する
一、外国との貿易の際には、金銀の交換価値を一定にする

「船中八策」の現代文意訳

当時の志士の中で、坂本龍馬だけが新しい国家像を持っていたというと語弊があるが、明治新政府の初期段階に、龍馬が大きく関与したことはたしかである。

坂本龍馬は、慶応3（1867）年6月、土佐藩の参政（首相格）の後藤象二郎に対して、明治維新後の新しい国家像について提案している。

これは船中八策と呼ばれるものである。

その中で龍馬は、議政局という議会を設置し、身分の別け隔てなく能力のある者を取り立てるべきだとし、海軍を拡張して天皇直属の軍隊を作ることなど、後の明治新政府の骨子となるような提案をしている。

この船中八策は、龍馬がすべて考え出したわけでなく、各地の有識者の意見を結集させたものだった。全国各地の有識者を訪ね歩き、案を

練り上げたのだ。

龍馬は船中八策のほかに、新政府の組織についても具体的な提案をしている。「新官制議定書」というもので、その中で政府の官職や人数までも提示していたのだ。

この「新官制擬定書」は龍馬が公卿の家人だった尾崎三良から、旧来の朝廷の官職制度を聞き取って作成したものだった。大政奉還直後の明治新政府は、「新官制議定書」にほぼ即した形でつくられることになった。大日本帝国の始まりには、龍馬の影響が色濃く表れていたのだ。

## ●世界最先端の思想が織り込まれた〝五箇条の御誓文〟

明治政府は発足してすぐに「五箇条の御誓文」を発表した。

五箇条の御誓文というのは、国家建設の方針を示すものであり、建国の根幹にある考え方である。

この御誓文には、当時、世界最先端の思想が織り込まれていた。その内容は、現代の民主主義国家の思想とほとんど変わらないような、進歩的なものだった。

この五箇条の御誓文は、福井藩士の由利公正が原案を出し、土佐藩の福岡孝弟が修正し、岩倉具視、木戸孝允などが手を加えて作られたものである。内容は以下の通りだ。

1. 広く会議を興し万機公論に決すべし
2. 上下心を一にして盛んに経綸を行ふべし

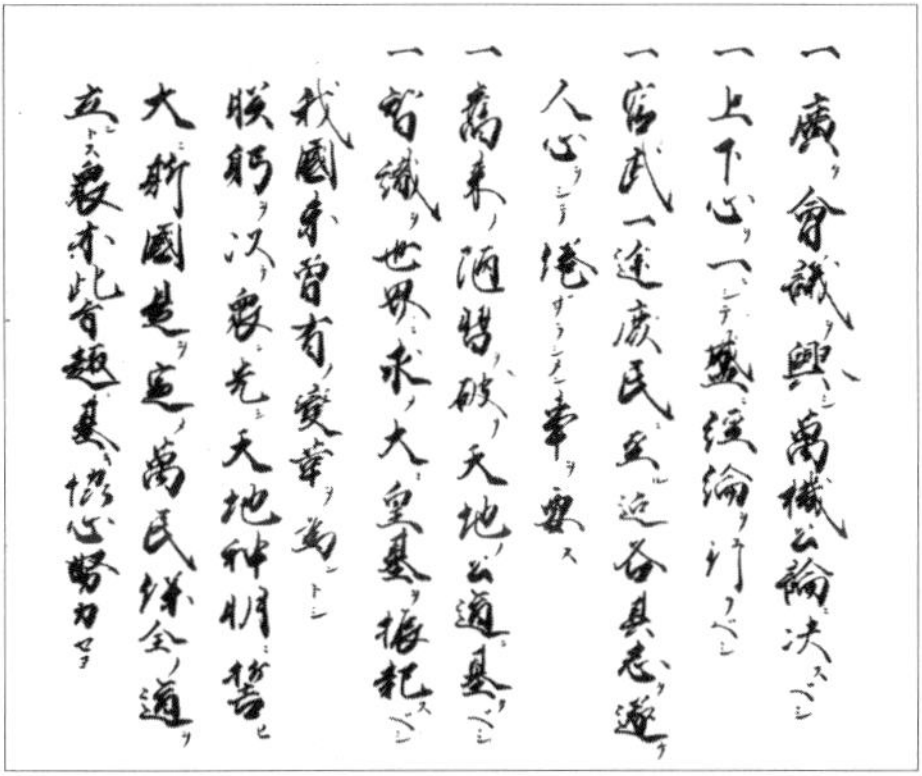
一 廣ク會議ヲ興シ萬機公論ニ決スヘシ
一 上下心ヲ一ニシテ盛ニ經綸ヲ行フヘシ
一 官武一途庶民ニ至ル迄各其志ヲ遂ケ人心ヲシテ倦マサラシメン事ヲ要ス
一 舊來ノ陋習ヲ破リ天地ノ公道ニ基クヘシ
一 智識ヲ世界ニ求メ大ニ皇基ヲ振起スヘシ
我國未曾有ノ變革ヲ爲ントシ朕躬ヲ以テ衆ニ先ンシ天地神明ニ誓ヒ大ニ斯國是ヲ定メ萬民保全ノ道ヲ立ントス衆亦此旨趣ニ基キ協心努力セヨ

書道の達人として知られた幟仁親王が揮毫した御誓文の原本

3. 官武一途庶民に至るまでおのおのその志を遂げ人心をして倦まざらしめんことを要す
4. 旧来の陋習を破り天地の公道に基くべし
5. 智識を世界に求め大いに皇基を振起すべし

これを現代語に訳せば次のようになる。

「国の事は何事も国民の意見を広く集め、会議によって決める」

「身分が高いものも低いものも心をひとつにして国力を充実させる」

「役人、軍人、庶民すべての国民が、おのおのの志を遂げられるように、人生が嫌になるような人が出てこない世の中にする」

「昔からの悪い習慣は改めて、合理的、人道的な世の中にする」

「知識を世界に求め、大いに国威を振るう」

これを見ると、今の国の施政方針としても十分に通用する、普遍的な〝国家幸福論〟だといえる。後年になるが、第二次大戦後、天皇が「自分は現人神ではない」と宣言した「人間宣言」の中でもこの五箇条の御誓文が次のように用いられている。

「(これからの日本は)五箇条の御誓文の趣旨に立ち返り、官民を挙げて日本の復興に力を注がなくてはならない」

天皇の「人間宣言」というのは、戦後の日本の国是を発したものでもあり、GHQも認めた「国際標準」の国家思想でもある。明治の建国精神は、実は非常に進歩的だったのである。

# 4 【300の藩を廃し、特権階級を廃止した】支配階級が痛みを受けた明治の改革

## ●〝特権階級〟が自ら特権を捨て去った「版籍奉還」

日本の明治維新と欧米の市民革命は、同じ革命でも性質が違う、と言われることがある。欧米の市民革命は、時の支配者に対する市民の不満が頂点に達して起こったものだ。つまり、下からの突き上げによる革命だといえる。

一方、明治維新の場合は、当時の支配階級にいた武士たちが「旧来の社会構造では時勢に対応できない」として、自ら社会の変革を行ったものだ。そのため、明治維新では特権階級である武士が、自ら身を切って大胆な改革を断行することになった。

明治維新で行われた改革のうち、もっとも巨大なものは「版籍奉還」である。版籍奉還とは幕府や大名の領地をすべて没収し、国に返還するというものだ。

これは、実は非常にダイナミックな改革なのである。

真の中央集権国家を作るためには、政権が朝廷に返された、というだけでは足りない。

「版籍奉還」「廃藩置県」の立役者、大久保利通（左）と木戸孝允（右）

各地に散らばった藩主という存在をどうにかしなければならなかった。そこで藩を解消し、何百年も続いてきた藩主と領地という制度を消滅させるというのである。いまの常識から見ても、非常に大きな改革だ。

明治新政府ができたばかりの頃は、新政府の要人たちもすぐさま「各藩の領地を全部返還させる」とまでは考えていなかったようである。薩摩藩の寺島宗則が出した版籍奉還のもととなる建言でも「各藩は領地の何分の一かを差し出し、京都や要地の防備費にあてるべし」というにとどまっている。

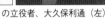

しかし、戊辰戦争が早々に集結すると、自信をつけた明治新政府は、すべての藩がすべての領地を返還する「版籍奉還」を進めることにした。中心となったのは、薩摩藩の大久保利通や長州藩の木戸孝允だった。

大久保や木戸は、明治２（１８６９）年、戊辰戦争をともに戦った土佐藩や肥前藩にも働きかけ、薩長土肥の４藩主連名で、「版籍奉還」の上表を朝廷に提出すると、藩の領地を返還し、諸藩にも版籍奉還を勧告した。

旧来の価値観で言えば、薩長土肥の4藩は、戦争に勝ったのだから新たな領地を得てもおかしくはなかった。しかし、4藩は率先して領地を差し出したのだ。これには他の藩も続かないわけにはいかない。明治2年6月（1869年7月）には、274の大名が版籍奉還を行い、それらの領地と人民は明治政府の所轄に移されることになった。

版籍奉還の成功は、ここが大きなポイントだと思われる。

薩長土肥の4藩は、政府内で幅を利かせるなど内々の特権は持っていたが、藩制度や身分制度などで表だった「特権」は決して作らなかった。これは戦勝軍としては、世界史的に見ても、異例のことだといえる。

## ●奇跡の革命〝廃藩置県〟

「版籍奉還」を遂行しても、それで藩や藩主の存在がすべて消滅したわけではなかった。

版籍奉還の後、旧藩主たちは、そのまま藩の最高官である「知藩事」に任命された。つまり、藩主が藩の長であることには変わらなかったのである。いわば藩主の身分は保証されていたので、各藩は版籍奉還に同意したのである。

しかし、新政府は版籍奉還をそれだけで終わらせるつもりはなかった。藩主を知藩事の地位に変えたのは、大きな意図があってのことだったのだ。

知藩事という職は世襲制ではなかった。これまで藩主は世襲制で代々受け継がれていたが、知藩事に変更することによってそれを廃止したのだ。藩主の特権を急にすべて取り上げると反発が大きいため、段階的に取り上げようというわけである。

そして、版籍奉還が成功すると、次に行ったのは「廃藩置県」である。

「廃藩置県」というと、現代では「江戸時代の藩がなくなってその代わりに県が作られた」という感じで、かなり簡単に考えられている。

しかし、よくよく考えてみると、これは大変なことだった。なぜなら、この「廃藩置県」は長期間にわたって保持されてきた莫大な既得権益を、一瞬のうちに消滅させてしまうものだからである。

江戸時代の「藩」は、現在の県のような単なる行政区分ではない。各藩は経済的にも政治的にも独立しており、ほとんど「国」と同じ形態である。幕府は藩を指導したり、藩から財を徴収することはあったが、藩の運営そのものには手出しができなかった。

その藩を全部なくしてしまう、というのだから大変な改革だったのだ。300に分かれていた国々を一挙に統一した、というようなものである。

廃藩置県は、明治4（1871）年、薩摩の大久保利通や長州の木戸孝允などを中心に行われた。この年の2月、まず薩長土3藩が総勢約1万の兵を京都に送った。この兵たちは、藩から離脱し、天皇の親兵として東京に置かれることになっていた。この兵力を背景にして7月14日、廃藩置県の詔勅が発せられた。この瞬間に、270年続いていた各藩による封建制度が一挙に解消され、中央集権国家が誕生したのである。

大久保利通や木戸孝允らの偉大な点は、戊辰戦争に勝利して新政府を作ったにも関わらず、薩摩藩や長州藩も他の諸藩と同じように廃藩置県で消滅させてしまった点である。もし、彼らが自分たちの藩だけを残そうと思えば、あれほどスムーズに廃藩置県は行えなかっただろう。

## ●廃藩置県が日本を救った？

本書が追求するテーマのひとつに、「なぜ日本が欧米列強から侵攻されなかったのか？」ということがある。これまで見てきたように、その理由はいくつかある。だが、明治維新後に限っていえば、その最大の要因はこの「廃藩置県」だと言える。

近代のアジア諸国と日本とを比較すると、ひとつ大きな違いがある。それは国としてのまとまりがあったかどうか、である。

当時のアジア諸国の大部分も、国を代表する中央政府のようなものを持っていた。しかし、実際はその統治は不十分で、各地には中央政府の支配を受けない豪族や軍閥が点在していた。欧米列強はそこに目を付け、一部の勢力を支援するなどして内戦を起こさせ、それに乗じて侵攻する、というパターンが多かった。

日本も幕末から明治にかけて、一時期、国内の情勢が混乱し、内戦状態に陥った。しかし、それをすぐに収束させると、これまでにない中央集権体制の政府を作り、廃藩置県でひとつの国としてまとめることに成功した。西欧列強につけいる隙を与えなかったのだ。

インドの政治家、教育者であるK・M・パニッカルは、その著書『西洋の支配とアジア』の中で次のように述べている。

「日本に進出していた外国人たちは、当時日本国内に荒れ狂う内戦と、幕府の勢力が日に日に衰えて行くのを目にしながら、日本もアジア諸国の一般的なパターンに落ち込んで行くであろうことを期待していた」

「しかし、1868年から1893年にかけての25年間で、日本の指導者たちに追求された維新と政策は、日本に掛けられた鎖を完全に断ち切るという、予期しなかった結果を生み、ヨーロッパ世界から完全な独立を堅持する立場に日本を置いていた」

日本の強みはなんといっても、「国家としてまとまりの良さ」だった。そして、そこには、廃藩置県を成し遂げた当時の指導者たちの賢明さがあったのだ。

# 第二章

# 大日本帝国が目指した国家像

# 1 富国強兵とは何だったのか？

【アジアの強国、大日本帝国を形作った思想】

## ●やたら戦争に強かった国

大日本帝国の特徴を見たとき、まず第一に挙げられるのは、「戦争に強かった」ということである。我々が好む好まざるに関わらず、大日本帝国はとにかく戦争にはやたらに強かった。それは動かしがたい事実である。我々日本民族には、戦争を得意とする性質があるのだ。なにしろ、明治維新以来、太平洋戦争で一敗地にまみれるまで、大小合わせて十数回の戦争（武力衝突を含む）にほとんど勝利しているのである。

これは、実は世界史的にみれば非常に奇異なことなのである。大日本帝国というのは、明治維新の前までは欧米の文明社会からは隔絶した極東の一島国に過ぎなかった。にもかかわらず、誕生からわずか40年でヨーロッパの最強国ロシアを破るまでになったのである。ヨーロッパの大国でさえ、ロシアを破るのは容易ではない。あの大英帝国でさえ、ロシアとまともに干戈を交えたことはないのだ。それをアジアの、しかもできたばかりの小国が破ったのだ。世界中が目を見張るのも当然である。

また日本が戦争に強かったことは、太平洋戦争でも証明されている。太平洋戦争というと、日本人にとっては国土を焼け野原にされた「ボロ負け」の印象しかない。が、客観的に見ると、日本はかなり連合国を苦しめた存在だったといえる。

アメリカが対外戦争で1000人以上の犠牲者を出したのは、太平洋戦争が初めてだった。しかも、開戦1日目の真珠湾攻撃で2000人以上の犠牲を出しているのである。

それにしても、なぜ日本は短期間で、軍事強国となることができたのか？

この問いは大日本帝国の本質を知る上で非常に重要な事だと思われる。

しかし、教科書などには、絶対にその答えは載っていない。「戦前の日本が戦争が強かった」という部分に触れるのは、教育現場ではタブーとされてきたからだ。そのため、現在の日本人のほとんどが戦前の日本が戦争に強かった理由をまったく知らないのである。

単純に「富国強兵」といっても、それを成し遂げるのは大変なことなのである。当時、世界中の国が富国強兵を目指していたが、ほとんどの国（特にアジア諸国）は成し遂げられなかった。明治日本は、身を切るような改革を行い、血のにじむような努力をしてやっと富国強兵を成し遂げたのだ。

なぜアジアの中で日本だけが富国強兵を成し遂げられたのか？

本章ではこの問いについて、明治維新から日清戦争までの国家の成長を追いつつ、客観的に検証していきたい。

## ●なぜ富国強兵を目指したのか？

大日本帝国が戦争に強くなった最大の要因は、明治新政府が国のまず第一の目標として、「国を富ませ強い軍をつくる」ということを掲げたからである。いわゆる富国強兵策である。

現代の日本では、明治時代の「富国強兵」の思想を批判する者も多いが、それは後世だから言えることだろう。

当時のアジア地域というのは、欧米列強の餌食とされていた時期であり、強い軍を持たなければ、強国に食われる運命にあった。それは現代の国際法の常識から見れば、被害妄想のように思えるが、当時は普通にあり得ることだった。実際、欧米列強は日本にも食指を動かしており、日本が出方を間違えれば、侵攻される恐れは十分にあった。

たとえば、九州の対馬は幕末の一時期、ロシアに占領されていたことがある。

ロシアは、以前から極東へ進出したがっていたが、19世紀後半になってその動きは激しくなった。そして文久元（1861）年に、ロシアは軍艦ポサドニック号を対馬に派遣し、対馬の芋崎を占領してしまうのだ。ポサドニック号のロシア軍人たちは、対馬藩主に強硬に土地の貸与を求め、兵舎などを建設した。この占領は半年にも及んだ。幕府はロシアの軍艦を自力で排除することもできず、困りはてた挙句、イギリスに働きかけた。当時、イギリスとロシアはアジアで勢力争いをしていたため、そのパワーバランスを利用したわけである。イギリスがロシアに干渉したために、ロシア軍艦はようやく退去した。イギリスの干渉がなかったとしたら、対馬はロシア領になっていたかもしれないのだ。

下関戦争で上陸したフランス軍に占拠された長州藩の砲台

長州藩が英仏蘭米の四ヵ国軍と戦った文久3（1863）年の下関戦争では、講和の際に四ヵ国側が長州領の彦島の租借を要求したという話もある。この時は、長州藩代表の高杉晋作が頑として受け入れなかったというが、租借を許していれば彦島は第二の香港になっていた可能性もある。

また、あまり知られていないが、幕末の日本では英仏軍の駐留を許していた時期があった。

幕末、日本では生麦事件など、西欧人を狙ったテロが頻発しており、英仏は自国民の保護を理由に、文久3（1863）年から半ば強引に軍を日本に駐屯していた。この駐留軍は、最大でイギリス軍1500名、フランス軍300名だった。

これは実は非常に危険なことだった。当時、西欧がアジア諸国を侵攻するときというのは、自国民の保護を理由に軍を駐留させ、内戦などが勃発した時に、どさくさに紛れて侵攻してしまう、というパターンが多かったからだ。

この駐留軍は、明治8（1875）年、明治政府の努力でなんとか撤兵させることに成功した。だが、戊辰戦争が長引くなど国内の混乱が続けば、駐留軍が悪さをした可能性もあるのだ。

現代の歴史家の中には、「日本は島国だから列強の侵攻を受ける心配はなかった」ということを言う人もいるが、それは正しくはない。なぜなら、ちょうどこの時期、ハワイはアメリカの侵攻を受けて併合されている。島国だから侵攻を免れる、ということはなかったのだ。

つまりは幕末から明治にかけての日本では、欧米列強の侵攻を受ける紙一重のところにいたのである。明治新政府がまず軍事力の強化を打ち出したのは、ごくまっとうで賢明な選択だったといえるのだ。

## ●明治政府の悲願、不平等条約の改正

大日本帝国を富国強兵に突き進ませた理由のひとつに、「不平等条約」がある。

第一章で述べたように、江戸幕府はアメリカと日米修好通商条約を結んで開国した後、次々と西欧列強との間で通商条約を結んでいた。明治維新で幕府が倒れた後、それらの条約は新政府が引き継ぐことになったが、いずれも日本にとって不利な「不平等条約」だった。

不平等条約の主な内容は、次の通りである。

・相手国の在日外国人に治外法権を許し、領事裁判権を認める
・関税自主権がない
・最恵国条款により、一国との条件を緩和すれば列強すべて同じ条件にしなければならない
・条約の有効期限や廃棄条項がない

外交条約は、本来、対等な条件で結ばれなければならない。しかし、幕府が諸外国と結んだ条約はそうではなかった。外国人が日本で罪を犯しても、日本は裁くことができない。輸入品にかける関税も、日本は自由に決められないというのだ。現在の感覚からすれば、

こうした不平等な条約は絶対に許されるものではないだろう。

それにしても欧米列強はなぜ日本に不平等条約を強要したのか？

まずは、国と国との力関係がある。強い国がその武力を背景に、都合のいい条件で条約を結んだということだ。それに加えて、幕末の日本では欧米諸国が求めるような近代的な法整備がなかったということもあった。法律が整っていなければ、行政官が独断で刑罰を決めるおそれがある。そうした国に裁判を任せると自国民の人権を守ることができない、というわけである。

この不平等条約の改正は、明治政府の悲願だった。不平等条約を結ばれるということは、欧米に比べて日本が劣っているからに他ならない。対等な条件で条約を結び直すことができれば、その時、日本は欧米諸国と肩を並べたことになるのだ。

明治政府は発足以来、機会があるごとに不平等条約の改正を目指した。明治22（１８８９）年には大日本帝国憲法を公布し、２年後には民法、商法の公布も行った。しかし、列強はなかなか日本の求めに応じない。結局、条約の改正は日露戦争後まで持ち越されることになった。

# 2 アジアで最初に「国軍」を作った

【今の平和にも繋がっている明治政府の大英断】

## ●アジアで最初の「国軍」の創設

明治維新後、新政府の首脳たちが一番に取り組んだことがある。

それは「国軍」の創設だ。

国の直属の軍隊である「国軍」を持つことは、いまでは当たり前のように思われている。

しかし、当時の常識は必ずしもそうではなかった。特にアジア諸国においては、本当の意味での国軍を持つ国は皆無だったと言ってもいい。

アジア諸国にも軍隊はあったが、それは国の直属の軍隊ではなく、豪族や軍閥の「私兵」だった。たとえば中国の場合、19世紀に欧米の侵攻を受けた時から共産党が国内を統一するまでの間は、国内のあちこちに軍閥が群雄割拠する状態だった。日清戦争当時でさえ、清国には「国軍」といえるようなものはなく、各地の軍閥が所有する私兵が日本軍と戦ったのである。

他のアジア諸国も、中国と似たような状態だった。正規軍を持ちたくとも、国内の情勢がそれを許さなかったのだ。

「正規軍」と「私兵」を比べれば、当然、正規軍の方が強い。正規軍は国家が保持しているため、必然的に予算も多く、武器や兵士の数、そして兵士に施す訓練も充実する。しかし、私兵の場合は各地の豪族や軍閥が思い思いに組織しているだけである。それでは欧米の近代的な軍隊には太刀打ちすることができないのだ。

日本も明治になるまで国軍を持っていなかった。

明治維新の直接の引き金となった戊辰戦争は、官軍と旧幕府軍の戦いとされている。だが、官軍の実態は政府（当時は朝廷）直属の軍隊ではなく、薩摩藩や長州藩、土佐藩などの藩兵の寄せ集めにすぎなかった。戦争が終われば、官軍は解体され、藩兵たちは各々の領地に帰って行ったのである。

大久保利通ら新政府の指導者は、そうした状態を一刻も早く改善しなければならないと考えていた。各地に藩兵が散らばっていると内戦が起こる危険があり、新政府の統治にも影響を及ぼす可能性がある。

そこで、新政府は薩摩藩、長州藩、土佐藩の主力軍隊を政府に提供させて直属軍とし、それを柱に国軍を創設することにした。明治4（1871）年4月、薩摩藩から歩兵4大隊、砲兵2隊、長州藩から歩兵3大隊、土佐藩から歩兵2大隊、騎兵2小隊、砲兵2隊が、政府に献上された。その総数は約1万人、ここに近代アジア初の国軍が創設されたのだ。

明治8（1875）年頃の大日本帝国軍

## ●武士団の解体

念願の国軍を持った明治政府だったが、本当の意味での統一軍を作るためには、まだ他にもやることがあった。明治維新直後の日本には、各地に藩の軍隊を引き継いだ「武士団」と呼ばれる軍事組織があった。それを解体しなければならなかったのだ。

武士団を解体させるというのは、現代の我々には想像もつかないような大作業だったはずだ。江戸時代の武士はいざという時に、命を投げ出してでも国（領地）を守ろうという存在である。彼らは代々、そのために武芸に励んできたわけであり、武士としての誇りがある。武士団を解体するというのは、その誇りを奪い去ることと同じであるため、当然、大きな反発を招くことになるだろう。

では解体せずに、国軍に組み入れればよいのか、というとそうもいかない。

武士団はあくまで旧来の軍事組織であり、新政府が求める近代的な軍隊とは程遠い存在である。国軍に入れるには訓練をしなおさねばならず大変な手間がかかる。それならば、一から国軍を作った方がはるかに効率が良い。

そこで新政府は、あくまで武士団の解体を断行した。その内容は荒治療と言ってもいいほどのものだった。新政府は、戊辰戦争で敗れた幕府軍や佐幕派の藩の軍隊だけでなく、戦いに勝利した官軍側の武士団もすべて解体してしまったのだ。

後世から見た場合、この決断は、非常に正しかったといえる。

もし藩の武士団をそのままにしていれば、彼らは軍閥化し、群雄割拠の状態になったことだろう。そうなれば、近代のアジア各国で見られた「泥沼の内戦パターン」にはまってしまうことになる。明治新政府の指導者たちは、そうさせないために勝った軍さえ解体し、政府の直属軍のみを正規の軍としたのである。

もちろん、これには反発もあった。明治維新の直後、長州の萩や佐賀といった地域で不平士族の乱が発生し、明治10（1877）年に西南戦争が起きたのも、「勝った軍を解体した」ことが要因になっている。

だが、この新政府の荒治療は、後の日本にとって非常に好ましい結果を生んだ。

西南戦争が終結してから、日本では現代まで内戦らしい内戦が起こっていない。これは世界でも珍しいことである。この国では内戦がないことが当たり前になっているが、世界の国々では決してそんなことはない。先進国でも内戦が頻発する国は多々あるのだ。現在の日本が平和なのは、明治の指導者たちが廃藩置県を行い、武士団を解体し、国内に軍閥が生じ得ない状態にしてくれたおかげともいえる。

そして何よりこの荒療治は強い日本軍を作ることに貢献した。明治政府が江戸時代の古い軍をまったく解体し、新しい軍を創設したため、日本は素早く西洋の近代的な国軍を持つことができたのである。

## ●近代的な徴兵システムの確立

明治新政府は、国軍を創設するとともに、西欧式の徴兵制度を整えた。日本が急速に強力な軍を持つことができたのは、この徴兵制度の導入によるものが大きい。

近代的な徴兵制度というのは、19世紀のプロイセンに起源がある。

それまでヨーロッパの国の軍隊は、傭兵制度だった。傭兵制度というのは、国家が兵を雇用するというもので、職業的兵士だけで作られた軍隊である。

一方、徴兵制というのは、原則として国民全員に兵役の義務を課すというものである。

当然のことながら徴兵制の方が兵の動員力は大きくなり、国の財政負担も軽くて済む。

プロイセンは、欧州の中でいち早く徴兵制度を確立し、新興国ながら1870年にはフランスとの戦争（普仏戦争）で圧勝した。それ以来、ヨーロッパ各国はこぞって徴兵制度を取り入れることになった。

しかし、徴兵制を敷く場合は、国家としてのまとまりがなくてはならない。また徴兵制は国民に多大な負担を強いることなので、国民の理解を得なければならない。たとえば、戦前の中国は、国家としてのまとまりが弱かったので、日中戦争の間に徴兵制を敷くことはできなかった。中国に限らず、第二次世界大戦前のアジア諸国で、真の意味で徴兵制を実現できていたのは日本だけである。

では、明治の日本ではどのような形の徴兵制度をとっていたのだろうか。

徴兵令が公布されたのは、明治6（1873）年。対象となったのは、満20歳以上の男子で、徴兵検査に合格した者から抽選で選ばれる仕組みだった。ただし、検査に合格してもすべての男子が徴兵されたわけではなく、「一家の主」や「家の跡継ぎ」、「代人料を支払った者」、「役人や兵学寮、官立学校の生徒」などは兵役を免除されることになっていた。そのため、実際に徴兵されたのは、ほんの数％だったとされている。

当時も本音を言えば、兵役に行きたくないという者は多かった。低い徴集率の裏では、あの手この手を使って徴兵逃れをしていた者がいたようである。

だが、それも時局の移り変わりによって厳しく変わっていく。

明治16年には批判が多かった代人料が廃止されると、明治22年には一家の主の免除もなくなった。その後も改正は続き、戦局の悪化に伴い徴兵の年齢は満17歳以上に引き下げられ、文系の学生も戦地に駆り出されることになった。

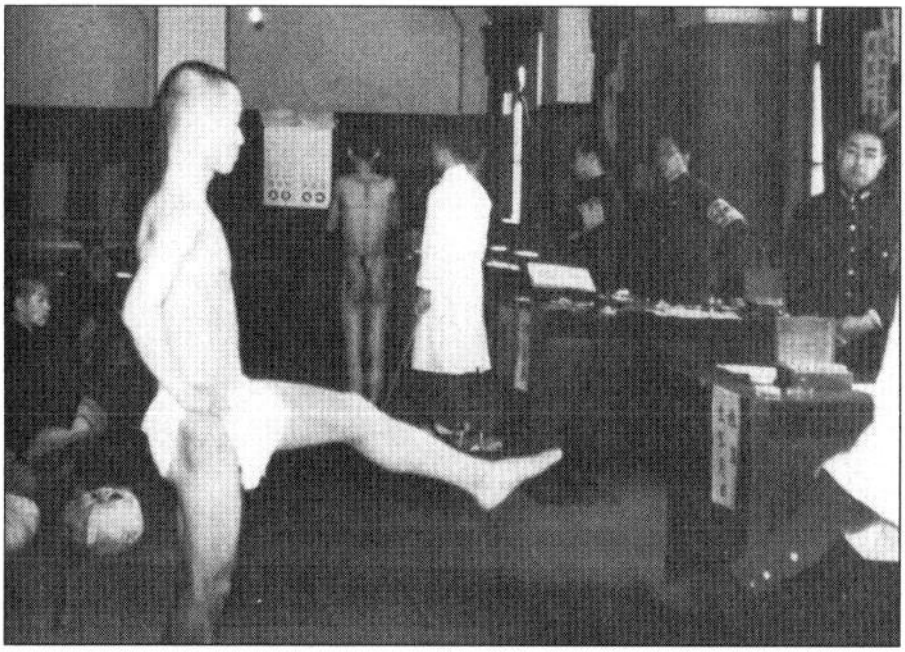

昭和初期の徴兵検査（『1億人の昭和史　日本人5』毎日新聞社より）

日中戦争が勃発した昭和12（1937）年、この年は徴兵検査を受けた者のうち、25％が実際に徴集された。徴集率はここから劇的に増加し、第二次大戦で日本の旗色が悪くなった昭和19年には77％に、終戦間際の昭和20（1945）年には90％にも達している。明治時代に導入された徴兵制度は日本の富国強兵に大きな役割を果たした。しかし同時に、多くの若い命が散った未曾有の悲劇の要因になったことも忘れてはならないだろう。

# 3 明治日本を強くした国産兵器

【建国当初から高い兵器製造技術があった】

## ●すぐに自前で兵器を造った

大日本帝国が戦争に強かった要因のひとつに、兵器製造技術の高さが挙げられるだろう。「兵器の製造技術」というものは、国の総合力を示すものでもある。兵器を造るには、それなりの資金が必要だし、それだけの技術力を持った人がいなければならない。兵器の製造技術が高い国は、それだけ国力がある国ということでもあるのだ。

また「武器を自前で作れるかどうか」ということは、外交的にも非常に重要な要素となる。武器をすべて輸入しているような国は、輸入元の意向次第で国情が左右される。武器の輸出を止められたら、たちまち戦力がなくなってしまうからだ。

大日本帝国は、成立当初から武器の自前製造にこだわってきた。

日清戦争時には、すでに歩兵銃をの自国での開発と製造に成功。歩兵の持つ銃は、戦場での主力兵器ともいえるもので、欧米以外の国で歩兵銃の自国生産を行っているのは大日本帝国くらいなものだった。

また、日露戦争時には、すでに軍艦の製造にも着手していた。戦艦などの主力艦はまだイギリスなどからの輸入に頼っていたが、補助艦クラスは自前で作れるようになっていたのだ。

大日本帝国の兵器開発熱はその後もやむことなく、第一次大戦以降はほとんどの兵器を自国で生産していた。こうした国は欧米でもイギリスやフランス、ドイツ、アメリカなど数ヵ国に過ぎなかった。もちろん、アジアでは日本だけである。

## ●日清、日露戦争を勝利に導いた歩兵銃

大日本帝国の兵器開発の歴史は、「村田銃」に始まる。

この銃が誕生したのは、西南戦争終結後の明治13（1880）年。開発者である陸軍の火器専門家、村田経芳の苗字をとって「村田銃」と名づけられた。

村田は明治8年に兵器の研究のために渡欧、約1年をかけてフランスやスイス、ドイツを回った。帰国後、村田はフランスやオランダ、ドイツなどの歩兵銃をもとに、銃の開発に着手する。そして完成したのが、陸軍の標準小銃として採用された村田銃だった。

村田銃は、性能も当時の欧米の銃に引けを取らないほど優れており、陸軍に制式採用さ

れた後も何度も改良が重ねられ、陸軍の主力火器として磨きをかけられていった。そして、明治27（1894）年の日清戦争で初めて実戦配備される。陸軍は村田銃の働きもあり、清の軍隊を圧倒、日本は勝利を収めることになったのだ。

それから10年後の日露戦争では、有坂成章という陸軍将校が作った30年式歩兵銃が、陸軍の標準銃として使用された。

有坂成章は長州藩の支藩である元岩国藩士で、15歳の時、戊辰戦争に従軍している。戊辰戦争がようやく片付いた明治3年、設立されたばかりの日本陸軍の兵学寮に入り、教官のフランスの砲兵大尉F・F・G・ルボンに学んだ。

当時は開国してまだ日が浅いながら、各藩の優秀な若者は語学学習に懸命に打ち込んでおり、フランス語や英語ができるものは少なくなかった。有坂もまたフランス語に堪能だったとされ、このフランス人教官ルボンから、多くを吸収したようである。明治6年12月には、すでに兵学寮の教官となっている。

その後、有坂は村田経芳の跡をついで砲銃の製作を担った。明治30年に、「30年式歩兵銃」を完成し、陸軍に制式採用された。この「30年式歩兵銃」は、当時の世界標準を満たした銃であり、「アリサカ・ライフル」として世界的にも認められたものだった。

アリサカ・ライフルには構造上にある特徴があった。それは口径の小ささである。

当時のヨーロッパ各国の陸軍は7・5～8ミリ程度の口径の小銃を使っていた。日露戦争で戦ったロシア軍の標準装備も7・62ミリの口径の銃だった。ところが、アリサカ・ライフルの口径は6・5ミリしかない。ヨーロッパの標準よりもはるかに小さかったのだ。

実は、口径を小さくしたのにはある狙いがあった。

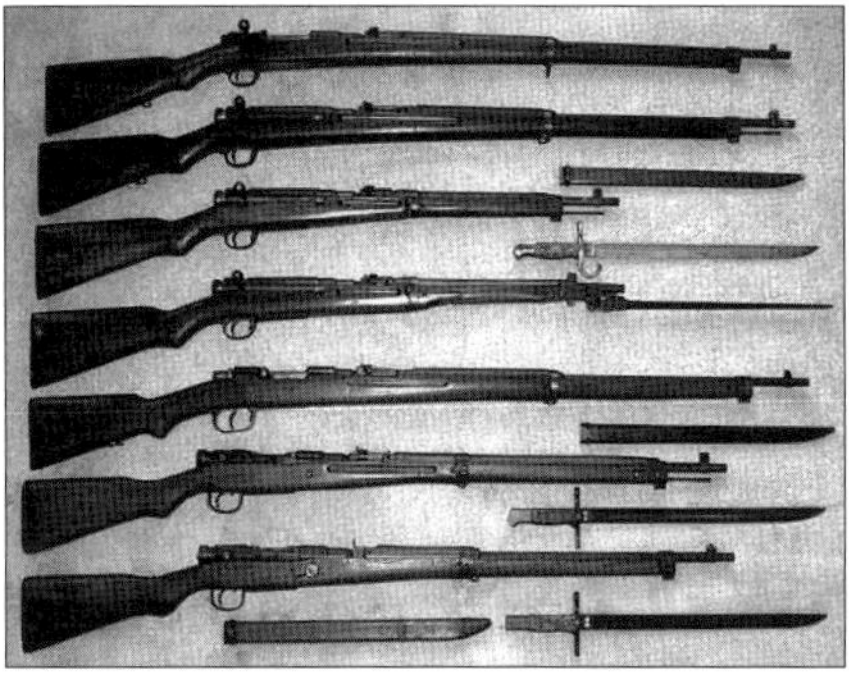

大日本帝国陸軍で使われたアリサカ・ライフル。最上段が、30年式歩兵銃。第二次大戦まで改良が重ねられた。（© Antique Military Rifles）

銃というのは基本的に、口径が大きくなればなるほど殺傷能力が高くなる。単純に破壊力という面で比べれば、当時の欧米の銃とアリサカ・ライフルでは欧米の銃に軍配が上がった。だが口径が小さい銃にはメリットもある。銃身を軽くすることができるし、なにより弾薬にかかる費用を抑えることができるのだ。

当時の日本には、弾薬に使う金属や火薬を潤沢に確保するだけの力はなかった。小銃は当たりさえすれば、相手の戦闘力を削ぐことができる。アリサカ・ライフルには、日露戦争当時、世界一とも称された非常に優れた命中精度を誇っていた。だから、日本陸軍は殺傷力を求めず、あえて小さな口径の銃を採用したのである。

新興国だった日本にとって、この工夫は重要なものだった。この工夫あってか、日本は日露戦争中、小銃の弾薬不足を生じることはほとんどなかった。

当時の戦争では、歩兵の銃撃戦が主戦闘であり、銃の命中精度が勝敗に大きな影響をもたらす。日露戦争での最大の陸上会戦「奉天会戦」では、日本軍の19万挺の小銃のうち17万挺がアリサカ・ライフルだった。この銃の命中精度が、日露戦争を制したともいえるのだ。

# 4

## 【西洋文化をもたらし、日本を近代化に導いた】岩倉使節団とお雇い外国人

### ●建国早々首脳陣がこぞって欧米視察

これまで大日本帝国の戦争の強さについて、国軍の創設や武器製造という〝ハード面〟から述べてきた。しかし戦争が強かった理由は、当然のことながらハード面だけではない。国家の科学力が進歩したことも大きな要因である。

建国以来、大日本帝国は近代化の必要性を強く感じ、欧米の技術や知識を貪欲に学ぼうとしていた。その象徴的なものが、明治4（1871）年の末から2年近くにわたり、政府の首脳が欧米を訪問視察した「岩倉使節団」である。

岩倉使節団が出発した年は、明治維新からわずか4年後、しかも戊辰戦争が片付いてからまだ2年しか経っていない。政府はまだ基盤がまったく固まっておらず、国中が混乱していた時期である。そんな中、政府の中枢がごっそりと国を空けて長期間の視察旅行にでかけたのだ。その大胆さは驚嘆である。逆にいえば、明治新政府はそれほど欧米の新知識

を必要としていたということだろう。

この岩倉使節団を最初に発案したのは、岩倉具視だとされている。彼は明治維新の10年前の安政5（1858）年、孝明天皇に「欧米諸国に調査団を派遣すべき」という建言書を提出しているのだ。

岩倉具視に限らず、外国の文明を自分の目で見てみたいと思う者は多かった。かの吉田松陰も、黒船に密航しようとして捕縛されており、幕府や諸藩からも留学や密航をしたものは大勢いた。伊藤博文も幕末にイギリスに秘密留学しているのである。

岩倉具視の献策は、明治になって岩倉使節団として実現することになる。

岩倉使節団は、特命全権大使として右大臣の岩倉具視、副使として長州の木戸孝允、薩摩の大久保利通、他に長州の伊藤博文、山田顕義、土佐の佐々木高行ら全部で46名だった。使節団はいわば藩閥を超えた国家的プロジェクトであり、旧幕臣も多く参加していた。

またこの使節団には、留学生として派遣される青少年43名も同行していた。随行員を合わせると総勢107名にも及ぶ大使節団だった。

## ●日本の近代化に大きな足跡を残した岩倉使節団

岩倉使節団は、船出から2週間後にサンフランシスコに到着した。それから大陸横断鉄道で首都ワシントンに赴き、グラント大統領に謁見した。アメリカを皮切りに、イギリス、フランス、ベルギー、オランダ、ドイツなどを訪問した。

この岩倉使節団には、大きくふたつの目的があった。

ロンドン滞在中に撮影された岩倉使節団の写真。左から木戸孝允、山口尚芳、岩倉具視、伊藤博文、大久保利通。

ひとつは、不平等条約の改正のためのデモンストレーションである。日本に近代的な国家ができたことをアピールし、これまで結ばれていた欧米との不平等条約を改正しようという狙いだ。そしてもうひとつが、欧米の新技術の視察である。

ひとつめの目的は、達することはできなかった。一行はアメリカで大歓迎を受けたので、その勢いで条約改正をしようと、急いで天皇の全権委任状を取り寄せた。しかしアメリカは、その国民性から歓迎の意を表しただけで条約を改正するつもりはまったくなかった。欧州各国でも、同様だったのだ。

だが、もうひとつの目的は立派に果たしたといえる。

一行は、アメリカのホテルでは、吹き抜けの螺旋階段やエレベーターに度肝を抜かれ、イギリスのリバプールの造船所やグラスゴーの製鉄所などを見てその巨大さに驚嘆した。造船所や製鉄所はすべて石炭エネルギーで稼働しており、そのため黒煙が天を覆うように吹き上げていた。さらに、鉄道や舗装された道路、そして上下水道が整備された街並み……使節団は世界の最先端を目の当たりにし、日本との違いにカルチャーショックを受けることになった。なかでも大久保利通は大きな衝撃を受けたらしく、次第に無口になっていったという。大久保は視察旅行を経験したことで、日本にとってもっとも大事なのは産業の発展だと考えるようになった。そして帰国後、精力的に殖産興業政策を推し進めることになる。

岩倉使節団には約60名の官費留学生も同行し、女子留学生も5人いた。これらの留学生たちはそれぞれアメリカやヨーロッパで教育を受けて帰国、その後、日本の各界の礎となった。たとえば当時、8歳だった津田梅子。彼女は11年間、アメリカ東部のジョージタウンのある家庭に預けられた。帰国後は、日本の女子教育、英語教育に尽くし、現在の津田塾大学の前身である「女子英学塾」を創立した。

このように明治初期の岩倉使節団、留学生派遣は、「富国強兵」を実現するための重要なキーワードとなっていたのである。

## ●お雇い外国人の活躍

日本が近代化に成功した要因として、お雇い外国人の存在も忘れてはならないだろう。

お雇い外国人とは、西洋の優れた文化や技術、知識を学ぶために、日本が招致した専門技能を持つ外国人のことである。開国後の日本は、国の近代化のために、ありとあらゆる知識や技術を欲していた。お雇い外国人はその声に応える形で来日し、軍事や産業、交通、学術などの分野で日本人に知識や技術を教えたのである。

お雇い外国人の雇用が活発化したのは、明治維新以降になってのことだった。幕末には一部の藩などが雇用していたが、政府が雇い主となったことによってその数が一気に増加する。お雇い外国人の雇用についてまとめた『資料　御雇外国人』によると、明治元（1868）年から明治22（1869）年までに政府や民間に雇われたお雇い外国人は、国籍が分かっている者だけで2600人を超える。20世紀初頭まで範囲を広げると、その数はさらに増え、およそ1万人のお雇い外国人が日本で働いたことになる。

では、彼らは具体的にどのような働きをしたのだろうか。著名な人物を挙げてみよう。

まず学問の分野では、「少年よ、大志を抱け」との言葉を残したウィリアム・クラーク博

札幌農学校の教頭を務めたアメリカ人のクラーク博士（左）と日本陸軍の近代化に貢献したドイツ帝国の軍人クレメンス・W・J・メッケル（右）

士が有名だ。博士は日本政府の強い要望に応じて来日、札幌農学校（現、北海道大学）の教頭に就任し、専門の植物学や英語などの授業を行った。その他、この分野では工部省工学寮（現在の東京大学工学部）で教鞭を執り西洋式技術教育を確立したヘンリー・ダイアー、西洋医学を伝えて日本の医学の発展に尽力したエルヴィン・ベルツ、英語教育の傍ら日本に野球を伝えたとされるホーレス・ウィルソンなどがいる。

内政・外交・軍事の分野では、刑法や民法の草案を起草した「日本近代法の父」ギュスターヴ・ボアソナード、大日本帝国憲法の作成に加わったヘルマン・ロエスレル、政府のスポークスマンとして日本を西洋に紹介したフレデリック・マーシャル、陸軍大学校の教官を務めて日本陸軍の近代化に貢献したクレメンス・W・J・メッケルなどが挙げられる。

産業・交通の分野では、富岡製糸工場の初代所長をつとめて近代製糸技術を導入したポール・ブリュナー、北海道で牧畜業を広めたエドウィン・ダン、日本における鉄道開業に尽力したエドモンド・モレルなどが代表的だ。

以上のように、様々な分野で日本の近代化に貢献したお雇い外国人だったが、一方でその報酬の高さが問題になることもあった。たとえば、明治8年頃、右大臣をつとめた岩倉具視の月給は600円（現在の価値に換算すると約6000万円）だったが、お雇い外国人の中には大臣クラスの月給をもらう者もおり、中には1000円を超える超高給取りもいた。富岡製糸工場の初代首長だったポール・ブリューナも高額の報酬を受け取ったひとりで、工場の日本人職工の年俸が75円だったのに比べて、ブリューナの年俸は9000円だったという。

近代化というものは、自前の知識や技術だけでできるものではない。お雇い外国人は、日本が近代化に成功すると、役目を終えて姿を消した。近代日本の礎には、そうした彼らの惜しみない教育があったのだ。

# 5 素早く教育システムを整えた明治政府

【ヨーロッパやアメリカをしのぐ驚異の識字率を実現】

## ●教育が国を強くする

近代の戦争において、重要なものは何だろうか。

強力な兵器、圧倒的な兵力、高度な戦術など様々なものが挙げられるだろう。だが、ひとつ挙げよといわれれば、それは教育ということになる。

兵器や兵力、あるいは戦術は、統率のとれた兵士があって初めて有効なものになる。近代に入り、兵器の構造は複雑化し、戦術もまた高度な理解力を求められるようになった。そうした兵器を使いこなし、戦術を遂行するには教育が必要不可欠だったのだ。

それは戦争に限らず、国を近代化する上でも同じである。

政府がいくら富国強兵のスローガンを掲げても、国民がそれについてくることができなければ意味がない。産業を発展させると言っても、働き手は国民である。教育によって国民の能力を底上げすることができなければ、富国強兵は望めないのだ。

日本の指導者たちは早くからこのことに気づいており、幕末の頃には教育の重要性が叫ばれるようになっていた。

とくに幕末から維新にかけては、蘭学者などの手によって西洋の教育事情に関する多くの書物が翻訳されている。福沢諭吉の『西洋事情』、小幡甚三郎訳の『西洋学校規範』、内田正雄訳『和蘭学制』、佐沢太郎訳の『仏国学制』などである。

このうち、『西洋事情』はヨーロッパ各国の教育制度を紹介したもので、初版の発行は維新前の慶応2（1866）年だった。『和蘭学制』は、ヨーロッパでプロイセンと並び学校教育が盛んだったオランダの教育制度を紹介したものだ。幕末から維新にかけて、当時の知識層がいかに教育の必要性を感じていたかが分かるだろう。

その中でも日本の教育制度に影響を与えたのが、『仏国学制』だった。明治政府は維新以来、教育を国の最重要課題に挙げて取り組んできた。政府は欧米各国の教育制度を研究し、それぞれの良い部分を取り込むことにした。教育行政や学制などはフランスに、学校体系はアメリカを手本に教育制度を作り上げたのだ。

明治政府は、維新後5年目の明治5（1872）年には、早くも義務教育の基礎となる「学制」を施行。日本全国に学校を作り、学費の無償化に踏み切った。明治8（1875）年には、日本全国で2万4303校の小学校を建設している。

これは現在の小学校数2万6000とほぼ遜色ない。

つまり、明治維新からたった8年で、現在とほぼ同様の初等教育制度を作り上げたのである。

もちろん就学率は急激に向上し、明治38年には95・6％に達している。国民のほとんどが小学校に行くことが当たり前になったのである。

日本がこのように素早く学校教育を整備したのは、下地があったからだ。

日本では、江戸時代から寺子屋による教育が普及しており、全国に数万あったとされている。明治政府は、この寺子屋の場所や人材をそのまま活用したのである。

明治8年当時、小学校の40％は寺院であり、30％は民家を借りたものだった。つまり小学校の70％の建物は、寺子屋の施設を延用したものと考えられる。

これらの教育の普及が、大日本帝国を支える礎になった。

明治35年の大阪の第10師団の徴兵検査では、読み書き、算術ができないものはわずか25％しかいなかったと報告されている。教育法ができてからわずか30年で、75％の若者が読み書き算術ができるようになったのである。もちろん識字率はその後も上昇し、昭和初期には100％近い数値に達している。

## ●勉強ができれば出世の道が拓けた

明治新政府は、初等教育だけではなく高等教育についても迅速に整えた。

明治5（1872）年には「学制」という法令が発布され、これには中学校や大学の設置がうたわれていた。明治10（1877）年には、日本で最初の近代総合大学である東京大学が作られた。以降、国立大学（帝国大学）は次々に作られ、終戦までに内地に7校、外地に2校作られた。また慶応、早稲田などの私立大学や、中学校や高等学校も全国各地に作られた。

これらの高等教育機関は、国民すべてに門戸が開かれていた。華族のための学校である学習院などを除いては、日本の国民で学力さえあれば、ほとんどの学校に入ることができた。だから、どんな身分に生まれても、勉強さえできれば出世できる、という「立身出世」の道が開かれたのである。

これは今では当然のことだが、当時としては画

明治後期には、染織や漆工、窯業の３科を教える工業学校も登場（明治37年、福島県）。勉学だけでなく、技術を学ぶ場も設けられた。（『１億人の昭和史14』毎日新聞社より）

期的なことだった。

江戸時代には、武士や農民、町民が受けられる教育というのは、それぞれ異なっており、武士以外の身分が高等教育を受けるのはほとんど不可能だった。またどれほど勉学ができても、身分を越えて取り立てられることはなかった。日本に限らず、ヨーロッパの一部を除いたほとんどの国では、教育の機会というのは非常に限られたものだったのだ。

その壁が撤廃されたのである。

もちろん日本中の若者たちは、勉学に励むようになった。

また教員を養成する師範学校、陸軍士官を養成する陸軍士官学校、海軍士官を養成する海軍兵学校などは、授業料が無料の上に俸給が支給された。そのため、貧しい家庭の子供でもがんばり次第で進学することはできたのだ。

師範学校では、卒業した後に高等師範学校、文理科大学というコースに進むことができ、大学と同等の高等教育を受けることができた。

また陸軍士官学校、海軍兵学校は、卒業生は軍の幹部になることが約束されていた。そのため、日本軍の幹部というのは「貧しい家庭に生まれた秀才」が多かったのである。

「身分や、貧富を問わず、優秀なものは国家が取り立ててくれる」という教育制度が、大日本帝国を急成長させた原動力でもあるといえるだろう。

# 6 【大日本帝国に訪れた最初の試練】日清戦争とは何だったのか？

## ●アジアの覇権を奪った日清戦争とは

大日本帝国の足跡をたどったとき、日清戦争が大きな分岐点であることがわかる。日清戦争に勝利することで日本はアジアの覇権を事実上、手にしたからだ。

それまでのアジアは、老いたるといえども中国（清国）が覇権を握っていた。日本も朝鮮などとの関係では、常に清の顔色をうかがわなければならなかった。それが日清戦争の勝利によって、日本がアジアの主のような存在になったのである。

そもそも日清戦争はなぜ起きたのか？

簡単にいえば、朝鮮問題である。

当時の朝鮮は李氏王朝が支配していたが、開国が遅れ、国の近代化もまったく行われていない状態だった。そうした状況の中、欧米列強は虎視眈々と朝鮮の利権を狙っていた。朝鮮が欧米に侵攻されれば日本にも影響が及ぶ。そのため、明治政府は〝朝鮮半島の安定〟

に神経を尖らせてきた。

たとえば、山縣有朋は明治23（1890）年の施政方針演説で「（日本の）主権（領土）線のみならず、利益線に対する影響力を確保しなければならない」と述べた。利益線というのは、具体的には朝鮮半島のことを指す。朝鮮が他国の影響下に入れば、日本の安全が脅かされる、ということである。

だが、当時の朝鮮は清国の保護下に入っていた。当然、宗主国である清は、日本が朝鮮に影響を及ぼすのを好ましく思わない。そのため、日本と清国は朝鮮を巡ってもめることになった。

明治20年代後半になると、日本と清の関係はもはや修復不可能なほど悪くなった。日本は開戦の可能性を考え、大急ぎで戦争の準備を整えた。だが、すぐには開戦できなかった。国際情勢がそれを許さなかったからだ。

これまで見てきたように、当時の清というのは西欧列強の利権に侵食されている土地だった。上海にはフランスやイギリス、アメリカの租界があり、香港やマカオなど西欧列強の持ち物となった土地もある。列強は、日本と清が戦争をすることで自分たちの利権が撹乱されることを嫌がったのである。

日本としても、そうした状況で戦うわけにはいかない。無理に開戦すれば、列強の介入を招いて大惨事になる可能性があったからだ。

だが、そんな中、先頭に立って日本をなだめていたイギリスが突如、方針転換をする。当時のイギリスはアジアにおけるロシアの動きを警戒していた。もし、日本が清に勝つことができれば、日本のアジアでの影響力は高まり、ロシアの南下政策の防波堤になってくれる。そう考えたイギリスは調停から手を引き、日本と「日英通商航海条約」を結んだ。この条約は、日本にとって長年の懸念だった不平等条約を改正するものだった。イギリスはいわば、アメを与えて日本の背中を押したのである。

イギリスの後押しを受けた日本は、ここぞとばかりに清に宣戦布告を行う。そうして明治27（1894）年、アジアの覇権を争う日清戦争は幕を開けたのだ。

## ●日清戦争に勝利した本当の理由

日清戦争の勝利は、清国の戦意の低さを最大の理由に挙げられることが多い。確かに清国の戦意は低く、日本側は「戦いにならない」ような圧勝をおさめた。

しかし、これは日本側から見た解釈であって、清国側や諸外国から見るとまた違った解釈となる。

それは、「日本の軍が予想以上に充実していたこと」である。

清国は開戦前、日本を完全になめていた。兵数も「せいぜい数百人程度の軍を派遣してくるだけだろう」と思っていた。国外に派遣できる兵数というのは、その国の国力を端的に示すものである。多くの兵士を派遣するためには、国力が充実し、国内の治安も安定していなければならない。清国は「日本にそれができるはずはない」と考えていた。そのため、清国は、日本が戦争回避のために開戦直前に設けた交渉の席にもまったくつこうとしなかった。

ところが、日清戦争の開戦時に投入された日本軍の数は、なんと5000人だった。しかもその5000人は近代的な銃器を装備し、十分に訓練された西洋式の軍隊だったのだ。アジア諸国でこのような新鋭の軍隊を持っている国は他になかった。小国日本が、そうした強力な軍を派遣してきたので、清国は驚嘆したのである。

そもそも清国は、小国の日本が本気で戦争をしてくるとは考えていなかった。明治27年7月19日に日本が最後通牒をつきつけても、それは単なる外交上の脅し文句であり、本当に戦争をする気はないと思っていたのだ。

だから、その1週間後の7月25日、日本の軽巡洋艦「吉野」が、清国の巡洋艦「済遠」を攻撃したとき、清国はまったく面くらってしまった。清国はこのことを恥じたのか、外国の通信社にも公表しなかった。

4日後の7月29日、豪雨の中、朝鮮の東北地方、牙山で最初の陸戦が行われた。日本の大島義昌率いる第9旅団4500は、清国の葉志超の軍3000を圧倒した。以降、日本はほとんどの戦闘で、清国軍に大勝を収めた。日本軍は、無人の野を行くがごとく、朝鮮半島全土で進軍を続け兵站が追い付かないほどだった。日本軍は、10月25日には九連城を攻略し、朝鮮半島のほぼ全土を制圧した。会戦してわずか3ヵ月あまりのことだった。

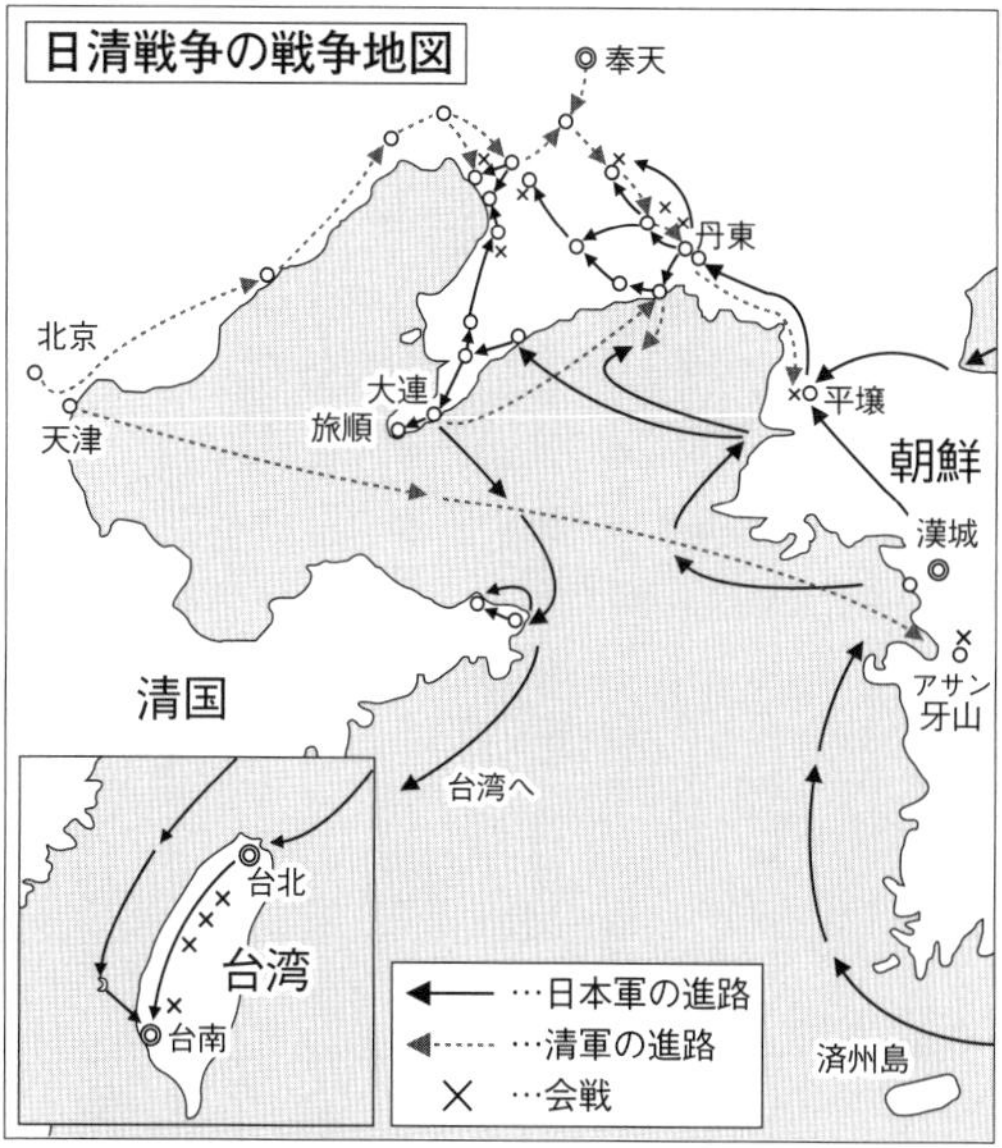

日本軍は怒涛の勢いで朝鮮半島を制圧、台湾まで攻め込んだ。

清国は、150万人の常備軍を持つと自称していたが、それは中世までの軍としての大きさだった。清国の軍は銃器を装備し訓練を受けた「近代的な軍」としては、数万人の規模しかなかった。清国の主力であった李鴻章の淮軍は、全部合わせても日本の一個師団程度だった。それに対して日本は、日清戦争に7個師団（24万人）を投ずることができたのだ。

清国は日清戦争を通じて、すべての会戦で日本軍よりも少ない兵しか投じられなかった。逆に言えば、日本は日清戦争を通じて、清国を圧倒する兵数をそろえることができたということである。日本は清に勝つべくして勝ったのだ。

## ●不正がはびこり、戦意がなかった清国

日清戦争以前、日本と清の国力は、大人と子供ほどの差があると思われていた。なにしろ清は、中国大陸を支配するアジアの覇者である。一方、日本は極東の島国に過ぎない。しかし日清戦争当時の日本と清の国力数値を比較した場合、実はそれほど大きな差はなかったのである。

たとえば、日清戦争当時（明治27年）の両国の財政は次の通りだった。

・清国…約8000万両（当時の日本円で約1億2000万円）
・日本…9862万円

このように財政規模からみれば、清はそれほど大きくないことがわかる。日清両国の財政規模は、ほぼ拮抗しているといえるだろう。

だが、両国の支出の質を比べると大きな違いがあった。

まず清国の場合は、国土が広いため、統治に莫大な経費がかかる。さらに「太平天国の乱」などの影響で外国から多額の借入をしていたため、その返済にも追われていた。一方、日本はといえば、国土がさほど広くないため、清国に比べれば統治に経費はかからない。その分、歳出の多くを軍備に回すことができたのだ。

また、清国には財政上でさらに不利な条件があった。それは国家中枢の腐敗である。清国は多額の軍事予算をかけていたが、不正な横流しが多かった。1885年に海軍が作られた際には、年間予算400万両の大部分が西太后と醇親王の私的費用に消えたという話もある。

イギリス・大砲メーカーのアームストロング社の代理人バルタサー・ミュンターによると、李鴻章に速射砲の売り込みに行くと、発射実験を行うやいなや「リベートをいくら出すか？」と聞かれたという。アームストロング社は、あまりリベートを出さなかったらしく、清の海軍には採用されなかった。

このことが日清戦争での海戦に大きく響いた。日清戦争では、結局、日本海軍は主にアームストロング社の大砲を使い、清海軍はドイツのクルップ社の大砲を使った。日本海軍は、アームストロング社の速射砲を効果的に使うことで清海軍を圧倒したのだ。

清国の海軍は、定遠、鎮遠、済遠という大型艦船を持っていたが、乗組員の技術が低く、操船に慣れていなかった。その上、開戦直前には人件費が高いという理由で、海軍の外国人提督や外国人乗組員をクビにしていた。そのため、清国の海軍はますます弱体化し、あっけなく敗れ去ることになったのだ。

日本はこの清との戦いを制したことで、遼東半島、台湾、台湾の西方にある澎湖諸島の割譲を受け、賠償金2億3000万両（約4億円）を得た。日本はこの賠償金で八幡製鉄所を建設し、金本位制の金融システムを整えた。これは日本が先進国家になるための大きな礎になった。

しかし、それ以上に大きかったのが、アジアの覇権を握ったということである。

アジアというのは、古代以来、中国を中心にしてきた。周辺国のほとんどは、中国を宗主国として仰いできた。そのアジアの中心が、中国から日本に移ったのだ。この一戦以降、アジア諸国の多くは、中国ではなく日本を見習うようになった。大日本帝国は必然的にアジアのリーダーとなったのである。

# 第三章 運命の日露決戦

# 1 日露戦争は起こるべくして起こった

【江戸時代から続く日露の領土問題】

## ●江戸時代から続く日露の因縁

日露戦争を語る際、現代の我々にはなかなか分かりにくいことがある。

それは「なぜ、日本とロシアは戦争をしたのか?」ということである。

当時のロシアは、ヨーロッパ最強の陸軍国と称されるほど強大な国だった。一方、大日本帝国は建国して40年足らずという新興国である。普通に考えれば勝てる相手ではないのだ。

日露戦争の要因となったのは、日本とロシアの領土問題である。

普段あまり意識することはないが、日本にとってロシアは海を挟んで隣国にあたる。隣国同士というのは、領土問題などでもめることが多い。日本とロシアも例外ではなく、江戸時代後期には、早くも両国の間で領土問題が噴出していた。

19世紀から20世紀にかけてのロシアは、強烈な膨張志向のもとに南下政策を進めており、

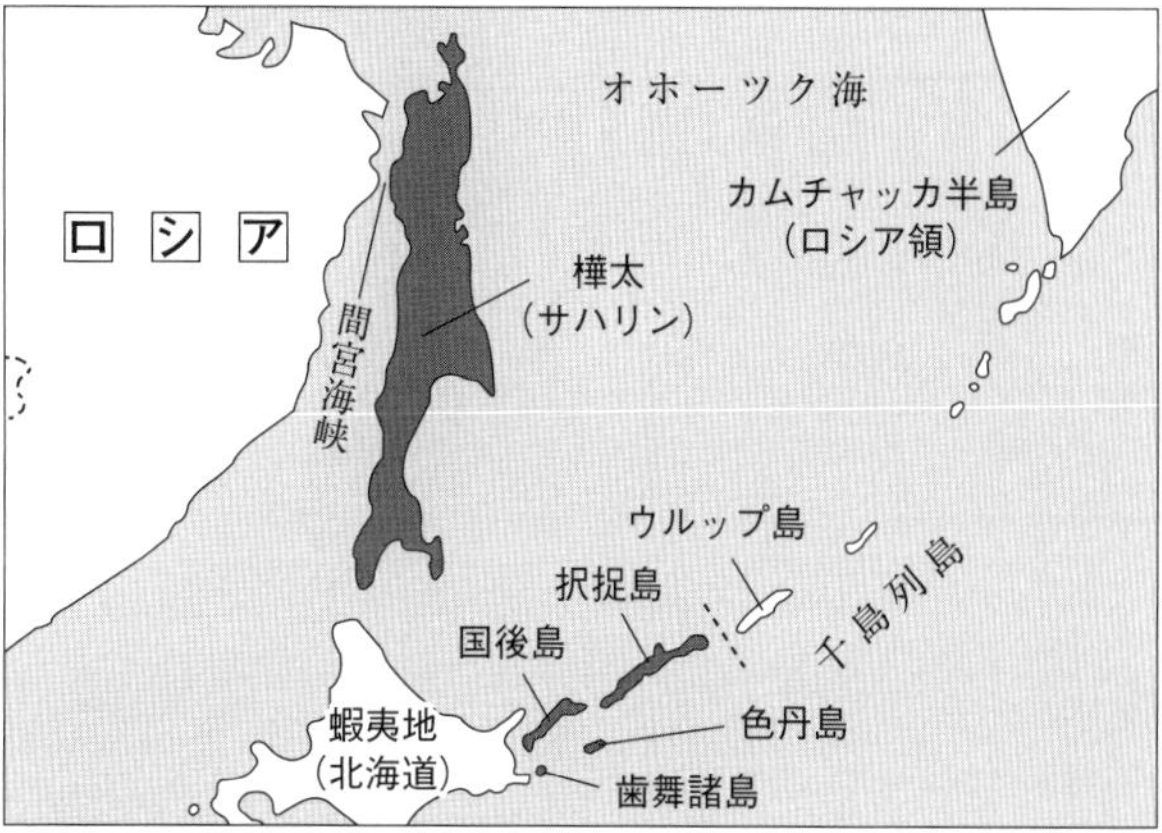


江戸時代から続くロシアとの領土問題。北方領土（国後島、択捉島、色丹島、歯舞諸島）を巡る争いは今でも続いている。

アジアやヨーロッパの小国を次々と侵食していた。江戸時代後期になると日本の近海にもロシア船がたびたび顔を見せるようになり、地元の漁師などといさかいが起こり始めた。特にロシアと近い蝦夷地（現北海道）ではトラブルが頻発しており、幕府は早急な対応を迫られていた。

ロシアとの国境を定める必要があると考えた幕府は、安政元（１８５５）年に、ロシアと日露和親条約を結んだ。

この条約では千島列島の領有権が定められ、ウルップ島から北はロシア領、択捉島から南は日本領ということになった。

慶応３（１８６７）年には、国境が未画定だった樺太について日露両国で協議が行われた。

だが、この話し合いでは国境を画定することができず、樺太は日露両国の共有地とされ、日本人とロシア人が平和的に共存する場所ということになった。

しかし、そのことによって、樺太にはロシア人入植者が殺到。日本人島民との間で衝突が起こるようになった。

このままロシアを放置すれば、北海道まで手を出されかねない。そう考えた明治政府は失職した武士を北海道に送り込み、開拓と守備兵の役割を担わせようとした。いわゆる屯田兵である。

だが、すぐに樺太にはロシア人入植者が溢れかえり、半ば占領された状態になってしまった。

北海道の守備を強化する必要に迫られた政府は、明治8（1875）年にロシアとの間で「千島樺太交換条約」を結んだ。千島列島全部をもらう代わりに、樺太はロシアに譲るという内容だった。樺太は北海道に匹敵するような広大な島であるのに比べ、千島列島は小島に過ぎない。この条約は日本にとって大きな損だった。政府は損を承知で樺太を差し出し、ロシアの侵攻を食い止めようとしたのだ。

日本はその後、ロシアにこれ以上の侵攻は許さないように懸命に軍備の増強を行った。北方領土での日露のいさかいは、ここで一旦収束した。

■ 日本とロシアが争った満州

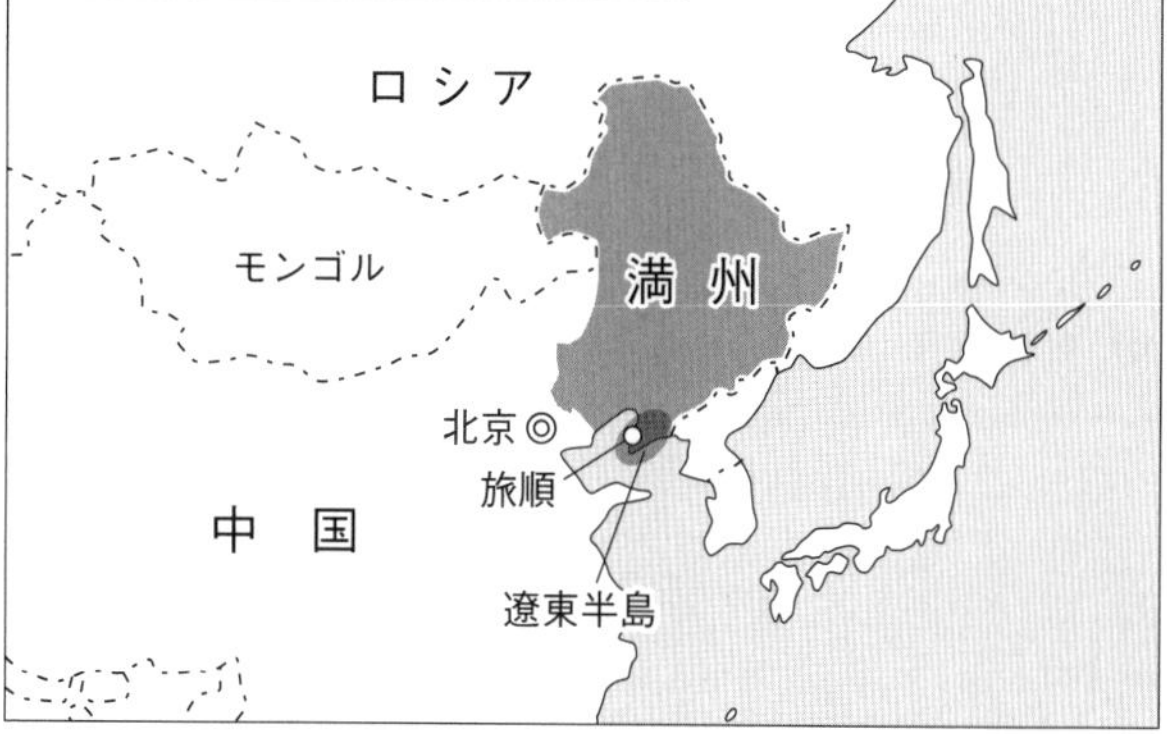


日露戦争や日清戦争の舞台となった満州。地政学的に非常に重要な場所だった。

そして、日露の領土問題は、北方領土から満州、朝鮮半島へとその舞台を移すのである。

## ●満州をめぐる日露の攻防

日清戦争と日露戦争を比べると、ある不思議なことに気がつく。

それは、戦場となった場所がほぼ重なる、ということである。たとえば、日露戦争随一の激戦地とされる旅順は、日本が日清戦争で一度攻略した場所である。

なぜ、日露戦争では日清戦争と同じ場所が戦場となったのだろうか。

そこには、地政学的な理由がある。

日清戦争、日露戦争の戦場になったのは、朝鮮から満州にかけての地域である。

この地域は、当時、まだ大国の食指が及ん

でおらず、いわば権力の空白地帯であった。それもただの空白地帯というだけではない。朝鮮から満州にかけての地域は、清国、ロシア、日本がぶつかる地点になる。今後の東アジアの趨勢を図る上で、この地域は戦略上、非常に重要な場所だったのである。

そのため、この地域を巡って日本、清国、ロシアはたびたびもめごとを起こしてきた。

まず、朝鮮半島の権益を巡って日本と清が日清戦争で戦った。この戦いに勝利した日本は、下関講和条約で清国から遼東半島の割譲を受けることになった。日本が東アジアの覇権争いで一歩リードしたのだ。

だが、ロシアがそれを放っておくわけがない。

遼東半島は、ロシアにとっても重要な場所だった。当時、ロシアは満州での権益拡大を狙っていた。遼東半島は、その満州の南に位置している。そこを日本に押さえられてしまうと満州は海の玄関口を失ってしまうのだ。

ロシアは、日本の満州進出を快く思わないフランスやドイツに声をかけ、「遼東半島を清国に返せ」と日本に圧力をかけた。ヨーロッパの強大な三ヵ国が相手では、日本もどうしようもない。結局、日本はその圧力に屈する形で遼東半島を返還することになった。

日本が放棄した遼東半島は、その後、列強の食い物にされた。

ロシアは大連、旅順を租借し、満州全土に兵を入れた。ドイツは山東半島での宣教師殺害事件を理由に膠州湾を占領、そのまま租借地とした。フランスも広州湾を租借、イギリスは山東省の威海衛、九竜半島を租借した。

三国干渉の建前は、「日本が遼東半島を所有すれば、朝鮮半島の独立を阻害し、極東アジアの平和を乱す」ということだった。しかし、いざ返還してみれば、実際に行われたのは弱体化した清につけこんだ列強による権益の貪り合いだった。しかもロシアは満州を抑えた後、朝鮮にまで進出してくるようになった。ロシアが朝鮮半島を抑えれば、日本はもう目と鼻の先である。日本はこの一件を国辱と感じ、以降、「対ロシア戦争」のために国を挙げて準備を進めることになったのだ。

# 2 【日本の外交の歴史に燦然と輝く偉業】日英同盟はなぜ結ばれたのか？

## ●なぜ大英帝国が日本と同盟したのか？

日本が日露戦争に勝つことができた要因のひとつに「日英同盟」が挙げられる。

当時の日本は、近代国家になってわずか三十数年。他国と同盟を結ぶのは、初めての経験だった。しかも相手は当時、世界一の超大国だったイギリスである。日英同盟は日本の外交史上、今でも燦然と輝く偉業だと言われている。

明治30年代、日本とロシアとの戦争は不可避となりつつあったが、日本を取り巻く世界情勢は非常に厳しいものがあった。

というのも、ロシアはドイツやフランスと関係が深い。ロシアと戦争をした場合、ドイツやフランスがロシアの味方につけば、列強はこぞってロシア側に立つだろう。そうなれば、戦争の勝ち目は完全になくなる。日本としてはそれだけは避けたかったのだ。

日本は、この状況をなんとか打破する方法を探っていた。

そんな時、思いもよらない幸運な話が持ち上がる。世界の大帝国イギリスが日本と同盟を結んでくれるかもしれない、というのである。きっかけは、ドイツの働きかけだった。

1901年、ドイツの駐英大使が日本大使館の書記官にこういうことを言った。

「ドイツは日英と同盟を結んでもよい。まず日本がイギリスに働きかけてはどうか」

それを聞いた林董駐英公使は、早速、イギリスの意向を探ってみた。するとイギリスのランズダウン外相も日本、ドイツとの同盟にまんざらでもない様子だった。しかし、交渉の途中でアクシデントが発生する。南アフリカで起こったボーア人の反英運動をドイツが支持したことで、イギリスとドイツの仲が険悪になり、三国同盟の話がたち消えになってしまったのだ。

だが、日本にとって幸いなことに、イギリスとの同盟話はまだ残っていた。そして交渉はあれよあれよという間に進み、1902年には正式に調印されたのである。

日英同盟は、日本に多大なメリットをもたらした。

日本はイギリスの軍事支援までは期待していなかったが、それでも外交上は有利になる。なにより大きいのが、日露戦争が起きた場合に、他の列強がロシア側に加わる可能性が非常に低くなったことである。

日英同盟では、日英いずれかの国が他国と戦争状態になった場合、もう一方の国は中立

**■ 日英同盟の要旨**

**前文**：両国は極東の現状と平和、ならびに清国と韓国の独立と領土保全を維持し、商工業の機会均等を確保することを希望する。

**第一条**：清国と韓国において両国の特別の利益が、ある国の侵略や国内騒動によって侵害されたときは、それぞれの利益を守るために必要な措置をとることができる。

**第二条**：そのために一方の締約国がある国と戦争になった場合には、他方の締約国は中立を守り、そのほかの国の参戦防止に努める。

**第三条**：その戦争で、ある国がその締約国に対して参戦したときは、他方の締約国も参戦し援助する。

を守ることとされていた。だが、敵国に味方する国が現れた場合は、もう一方の国も参戦しなければならない、と決められていた。つまり、ロシア側に立って日本に宣戦布告をする国があれば、イギリスは日本の味方として戦ってくれる、というのである。これでドイツやフランスの動きを牽制することができるだろう。

同盟のもたらす恩恵は他にもあった。世界に名だたる大英帝国の同盟者ということで、資金調達が格段にやりやすくなった。

また、戦争になってロシア艦隊が極東に派遣されようとした場合、世界中に港を持つイギリスは燃料の補給停止なども行ってくれるはずだ。

さらに極東の軍事バランスでも日本は優位に立てる。ロシアがドイツやフランスと同盟を結んだとしても、極東に派遣された艦隊は三ヵ国合わせて24万トン。それに対して、日本とイギリスは36万トンである。一国辺りの軍事力ではロシアが上でも、同盟国を加えれば日本が逆転できるのだ。

この日英同盟がきっかけで、日本は対露戦争に踏み切る覚悟を固めた。そして近代戦史上、まれに見る奇跡の大番狂わせを起こすのだ。

## ●日英同盟にかけるイギリスの狙い

それにしても、なぜイギリスは日本との同盟を欲したのか？

当時のイギリスはどの国とも同盟を結ばない〝孤高の大国〟だった。そうした国がアジアの新興国である日本と同盟を結ぼうというのだ。当然、そこには何か狙いがあるはずである。

当時のイギリスにとって、大きな課題のひとつがアジアの権益の安定だった。

イギリスは清やインドシナ、インドなどに多くの権益を持っていたが、いずれも問題を抱えていた。インドシナではフランスと対立しており、中国やインドはロシアの脅威にさらされていた。手をこまねいていると、それらの権益を失うおそれがあったのだ。

しかし、だからといってこれ以上、アジアに軍隊を派遣することはできない。

その頃のヨーロッパでは各国がこぞって軍備の拡張を進めており、気の抜けない状態にあった。また、世界各地にある支配地でも反英運動などが起こっている。本国や他の植民地も守らねばならないため、アジアだけに軍隊を割くわけにはいかなかったのだ。

当時、イギリスは〝名誉ある孤立〟と称して、どこの国とも同盟を結んでいなかった。しかし、現実は「望んで同盟していない」わけではなかった。20世紀初頭のヨーロッパでは、各国が同盟を結んでおり、イギリスは包囲された形になっていた。イギリスは内心では、その包囲網に対抗でき、しかも本国から遠く離れたアジアを守ってくれる相手を欲していたのだ。

日本はその番犬として適役だった。

当時、イギリスは世界の覇権を維持するために海軍において「二国標準主義」を採っていた。二国標準主義というのは、単にイギリスが世界一の海軍を持つだけではダメで、世界第2位と第3位の海軍力の合計よりも勝ったものでなくてはならない、ということである。

しかし、東アジア地域では、この「二国標準主義」をクリアしていなかった。東アジア地域のイギリス海軍だけでは、第2位のロシア、第3位のフランスの合計には劣ってしまう。しかもこの二国は同盟を結んでいるのだ。東アジア地域でのイギリスの優勢を保つためには、どうしても有力な海軍国の同盟が必要だったのである。

東アジア地域で、有力な海軍国というと、中国（清）と日本だった。だが、中国は日清戦争で敗れたばかりで国が混乱している。同盟するとすれば日本しかなかったのである。日英同盟というと「世界の大英帝国がアジアの小国、日本と組んでくれた非常にラッキーな同盟」と見られがちだが、実情は決してそうではなかったことが分かる。イギリスもしっかり利害計算をして、最善の策として日本との同盟を選んでいるのだ。

日英同盟は、第一次世界大戦でも機能し、日本はイギリスのためにドイツに宣戦布告をした。しかし、第一次世界大戦後に、日英の思惑にはズレが生じていく。そして、大正10（1921）年、日英同盟は終了した。日本が、外交的に孤立していくのは、それ以降のことである。

# 3

【大日本帝国の窮地を救ったあるユダヤ人】

# 綱渡りで調達した日露戦争の費用

## ●日露戦争時の日本の経済力

日露戦争の頃、日本とロシアは圧倒的な国力の差があったとされる。

では、実際にはどのくらいの差があったのだろうか。

左の図は、日露戦争の4年前の各国のGNPを比較したものである。図を見れば分かるが、当時の日本は非常に貧しい国だったということが言える。

日本と各国のGNPを比べると、ロシアは日本の7倍、イギリスは8倍、アメリカにいたっては15倍もある。1人当たりのGNPで比較しても、日本は欧米では最低レベルのロシアの半分程度しかない。

そのため、ロシアと戦ったときの日本の経済はまったくギリギリの状態であった。

ロシアと戦うためには、相当の軍備が必要である。戦艦もそろえなければならないし、兵員の拡充も必要である。

### ■明治33年（日露戦争の4年前）の各国のGNPと軍事費

| | 日本 | ロシア | イギリス | アメリカ | ドイツ | フランス | イタリア |
|---|---|---|---|---|---|---|---|
| GNP | 1,200 | 8,800 | 10,000 | 18,700 | 9,800 | 6,500 | 3,000 |
| 1人当たりのGNP | 30 | 70 | 240 | 250 | 180 | 170 | 90 |
| 軍事費 | 66 | 204 | 253 | 191 | 205 | 212 | 78 |
| 財政に占める軍事費の割合 | 45.5% | 21.6% | 37.9% | 36.7% | 44.2% | 30.3% | 22.5% |

※単位：GNP＝100万ドル、1人当たりのGNP＝ドル、軍事費＝100万ドル
（軍事史学会『日露戦争（一）』錦正社より）

日清戦争当時、日本海軍は巡洋艦クラスの軍艦を7隻程度保有していた。そして日清戦争中に2隻の戦艦を購入し、日清戦争後には清の海軍が持っていた軍艦11隻などを手に入れていた。しかしこれでもロシアの海軍には到底太刀打ちできない。

そこで日本は、日清戦争後の10年間で4隻の戦艦と一等巡洋艦6隻など合計74隻の軍艦建造を計画。さらに日清戦争時、常備軍12万人だった陸軍の兵力を倍に増員する計画も立てた。

それには、もちろん莫大な費用が必要となる。アジアの小国日本は、どうやってこの軍備を行ったのか？

簡単に言えば、国家予算を無理やりつぎ込んだのである。

日露戦争前の10年間、国家予算に占める軍事費の割合は、平均で45・5％もあった。現在の日本の防衛費が国家予算の5％程度であることを考えると、45・5％とい

う数字は異常に高いといえる。しかも、当時の日本は今のような経済大国ではない。社会のインフラもまともに整っていない中で、決して多くはない国家予算の半分を軍事費につぎ込んでいるのだ。

当時はすでに帝国議会も開設されており、予算案は議会の承認を得なければならないことになっていた。この高額の軍事予算は政府が独断で立てたものではなく、一応、国民の同意があったということになる。明治の人々がいかにロシアを恐れていたか、当時の日本人がいかにロシアと戦争をするために忍耐したか、ということである。

そうした巨額の軍事費を確保するために、明治日本は血のにじむような努力をしている。たとえば明治24年、国会の反対で戦艦の建造予算が削減されると天皇が「国防を疎かにすると百年の悔いを残す」として、皇室費と公務員の給料を削減した。そうして減らされた建造予算を補填したのだ。

日清戦争の賠償金は当初2億両だったが、三国干渉により遼東半島を清に返還したため、代わりに賠償金3000万両が上乗せされた。これは、当時の日本の国家予算の4年分に相当する莫大なものだった。この賠償金で八幡製鉄所が作られたことが有名だが、そこで使われたのは賠償金のごく一部であり、残額のほとんどは軍備拡張に使われた。まさに国を挙げて、強い軍隊を作ったのである。

## ●明治日本の軍事費獲得作戦

先に述べたとおり、日本は日露戦争前の10年間、国家予算の5割もつぎ込んで軍備を行ってきた。しかし戦争が始まると、その費用はもっと跳ね上がる。しかも大国ロシアを相手にするのだから、その戦費は莫大である。

日露戦争の費用は総計で、19億8612万円。当時の国家予算は2億5000万円程度だったので、なんと8年分である。

日本は一体、この戦費をどうやって調達したのか？

もちろん、国内にはそれだけのお金はない。戦費の大部分は借金をしたのである。

日本は戦費を確保するために、多額の国債を発行した。その発行額は、14億7329万円。戦費の4分の3は借金だったのだ。

だが、国債というのは、引き取り手がいなければお金に替えることができない。国内で消化できた国債は当初の発行額の10％程度だった。残る大部分を外国に買ってもらわなければならなかった。

この外債募集の役目を引き受けていたのは、後に暗殺される高橋是清である。高橋は当時、日銀の副総裁を務めており、日露戦争が始まるやいなや、ヨーロッパに飛び、資金のかき集めに奔走した。だが、外債を買ってくれる国はなかなか現れなかった。それも当然である。当時の国際的な評価では、日本よりもロシアがはるかに上だった。戦争に負けるかもしれない相手に、わざわざお金を貸そうという国はない。

それに加えて、日本にはそもそも担保となるものがほとんどなかった。その点、ロシアには広大な国土と鉱山がある。資金調達に苦しむ日本をよそに、ロシアは着々とヨーロッパ諸国からの投資を集めていた。

日本は当初、外債の引受先としてイギリスを当てにしていた。日英同盟のよしみで、買ってくれるのではないかと考えていたのだ。しかし、イギリスは想像以上に冷淡だった。同盟はあくまでロシアから自国の権益を守るためのもので、そう簡単に日本にお金は貸さない、という姿勢を崩さなかったのである。

高橋はそれでも粘り強く交渉を重ね、日本の関税収入を抵当とする条件などでイギリスの銀行家らに500万ポンドの外債を購入してもらうことに成功した。だが、それでも当初の予定の半分の金額にしかならない。日露戦争が開戦したことで、日本の外債は暴落していた。もはやここまでか、と高橋が諦めかけた時、思わぬ幸運が舞い込んでくる。

アメリカ国籍のユダヤ人銀行家、ジェイコブ・シフという男が外債の引受に応じてくれたのだ。当時のロシアではユダヤ人が迫害に遭っていた。ユダヤ人であるシフは、迫害を受ける同胞を救うために、日本を支援しようと考えたのだ。

シフはアメリカのクーン・ローブ商会という投資銀行の経営者で、世界に名が知れた投資家だった。シフが日本の外債を購入した、という噂がヨーロッパに広まると、日本の外債はたちまち人気が上がった。

また、ちょうどその頃、鴨緑江で両軍の最初の激突があり、大日本帝国陸軍が圧勝を収めるということがあった。この一件で日本の外債の人気がさらに高まり、高橋はようやく当初の予定の外債を消化することができたのだった。もし、ジェイコブ・シフがおらず、鴨緑江の緒戦にも負けていれば、日本は戦費を調達することができなかっただろう。日露戦争はまさに綱渡りだったのだ。

# 4 【開戦直後は日本の兵力が上回っていた!?】実は互角だった日本とロシアの戦力

## ●日本をなめていたロシア

日露戦争が始まるまで、ロシアは完全に日本を見下していた。

それを物語るエピソードとして、こういう話がある。

極東アジアに戦乱の暗雲が立ち込めはじめた明治36（1903）年、ドイツ皇帝のウィルヘルム2世が、ロシア皇帝のニコライ2世に「極東情勢が悪化している」と注意を促した。

それに対し、ニコライ2世はこう答えたという。

「朕は戦いを欲しない、ゆえに開戦の心配はいらない」

ニコライ2世は、自分が戦争をしたくないと思っているのだから、戦争になるわけがないと言っているのである。ロシアの皇帝にとって、日本から戦争をしかけてくるなど思ってもみないことだったのである。

まあ、そう思うのも無理のないことである。

ロシアは当時、ヨーロッパ最強の陸軍国と称されていた。ヨーロッパで一番ということは、世界で一番ということでもある。

また、海軍も日本の倍の規模を有しており、こちらもヨーロッパで有数だった。つまり、ロシアは世界でも一、二を争うほど強い国だったのだ。

単純に国力で比べるならば、ロシアと日本は勝負にならない。だから、日本から戦争をしかけるなどありえない、というのは当然の見方である。

だが、日本はロシアが考えている以上にしぶとかった。大国ロシアを破るために、国が一丸となって努力と研究を続け、実際にそれが可能となる軍隊を作り上げていたのである。

## ●日本とロシアの兵力は互角だった

すでに見たように日本とロシアの国力には、絶望的な差があった。

だが、ロシアの極東における兵力は、実はそれほど大きかったわけではない。むしろ、日露戦争の開戦時には、日本の兵力の方が優勢だった。日本は、なんやかんや言いながらも、開戦時には、ロシアを凌駕する兵力を集めていたのだ。

まず、開戦時の両国の陸軍の兵力を見てみよう。

・ロシア陸軍の常備軍113万人
・日本陸軍の常備軍20万人

当時、ロシアの陸軍の総兵力は、予備役も含めると350万人とされていた。対する日本は予備役を含めても31万人だった。実に10倍以上の差があったのだ。

しかし、この数字はそのまま、両国の戦闘能力に反映されたわけではない。

ロシアは広大な国であり、ヨーロッパやアジアで様々な国と国境を接している。そのうち、トルコとは何度も戦争をしており、欧州の列強の動きにも注意を払う必要があった。いくら大兵力があっても、そのすべてを日露戦争に投じられるわけではなかったのだ。

日本軍の参謀本部の試算では、ロシアが日露戦争に投入できる兵力は25万人程度とされていた。実際にロシアが開戦前に満州や朝鮮に配備した正規軍は10万人で、警備兵を入れても12万人だった。開戦後、ロシアは随時兵力の動員を進めたが、日本軍と同程度の兵力を揃えられたのは戦いが始まってから半年後のことだった。

そのため、開戦当初、日本の陸軍は押しまくった。ロシアが大兵力を動員する前に、少しでも先まで進軍しておこうという作戦だったからである。

次に海軍兵力を見てみよう。

・ロシア海軍の総トン数　80万トン
・日本の海軍の総トン数　26万トン

これもロシア側が圧倒的な優勢であることがわかる。しかしロシアは陸上兵力と同様に海軍も各地に分散しなければならなかったので、東洋に配置していた太平洋艦隊だけを見ると19万トンだった。

このように開戦時点での極東での兵力比でみれば、ロシアと日本はほぼ互角だったのである。もちろんロシアが兵力を極東に動員していけば、この数値は大きく変わっていくことになる。日本軍にとって、この戦争は「早く勝つ」ということが、命題だったのだ。

## ●抜群のタイミングで戦いを挑んだ日本軍

日清戦争以降、日本とロシアの関係は悪化し続けた。ロシアは満州を徐々に侵攻していき、同地を支配下に収めると、日本が生命線と考えていた朝鮮にも侵攻を始めた。

明治37（1904）年、日露両国の関係はもはや破綻寸前だった。日本は、苦肉の策として満韓交換論を提案したりもした。満韓交換論とは、満州をロシアに譲る代わりに朝鮮を日本が獲得する、というものである。しかし、ロシアは首を縦に振らなかった。「満州は、強大な軍事力に物を言わせれば黙っていても手に入る。わざわざ日本に朝鮮を与える必要はない、あわよくば朝鮮ももらってしまおう」ということだったのだ。

戦争を避けようとしていた日本は、ここにきて逆に開戦を急ぎ始めた。

「どうせ戦争になるのなら、早くやらなければ」と考えたのだ。

当時、ロシアはシベリア鉄道の建設をしていた。これが完成すれば、ロシアは満州に強大な兵力を動員できるようになる。そうなれば日本に勝ち目はない。

日本の対ロシア戦略は、「シベリア鉄道完成前」を目標に、急ピッチで練り上げられた。政府は日清戦争直後の明治29（1896）年に、軍備拡張の10カ年計画を立案。1億9000万円をかけて海軍の大拡張を行う計画で戦艦4隻、一等巡洋艦6隻、三等巡洋艦2隻、そのほか多くの駆逐艦や水雷艇を建造するというものだった。しかもそれらの建造は10カ年計画の前半期に集中していた。シベリア鉄道の完成前に、軍備を整えなければ意味がないからである。

明治37（1904）年2月6日、日本はロシアに対し最後通牒を発令。2日後の2月8日に旅順のロシア艦隊を奇襲し、朝鮮の仁川に兵を上陸させた。

1891年に建設が始まったシベリア鉄道は、1901年にほぼ完成していた。全線が開通したのは日露戦争中の1904年9月。開戦のタイミングはタッチの差だったのである。

# 5 【勝敗の行方を分けた戦争史に残る大激戦】旅順要塞の攻防戦と奉天会戦

## ●日本軍が屍の山を築いた旅順攻略戦

明治37年に始まった日露戦争では、各地で激しい戦闘が繰り広げられた。その中でもとりわけ激戦となったのが、旅順要塞の攻防戦である。

旅順は、遼東半島の先端にあり大連の先の部分に位置している（85ページの地図参照）。この旅順には、ロシアの太平洋艦隊の基地があった。その艦隊を守るためにロシアは、この地に巨費を投じて鉄とコンクリートで固めた強固な要塞を築いていた。

当初、大日本帝国陸軍はこの要塞には手を出さない予定だった。だが、海軍からロシア海軍の太平洋艦隊を殲滅するために、要塞攻略の要請が出される。太平洋艦隊は旅順港に立てこもる一方で、海上を通る日本軍の輸送船を牽制していた。このままでは兵站の輸送もままならない。そこで陸軍は旅順攻略を決定し、多数の兵を動員して総攻撃をしかけることにした。

要塞を取り囲む防御陣地は25キロにも及び、700門の砲台を備え、さらには当時の最新兵器だった機関銃が主力兵器として投入されていた。

この旅順要塞の攻略にあたったのは、乃木希典大将率いる第三軍である。

旅順は、日清戦争のときにも主戦場になっており、このときは半日で陥落させている。そのため日本軍は当初、「せいぜい数日で陥ちるだろう」と楽観視しており、一回目の総攻撃(三日間)で陥落させる予定だった。だが、日本軍はそこで欧米の本格的な要塞の威力を思い知らされることになる。

第三軍は、この要塞に対して正面攻撃を挑んだ。

明治37(1904)年8月に行われた一回目の総攻撃では、あえなく失敗。銃剣突撃では、機関銃で固められたコンクリートの要塞を到底突破することはできなかった。この作戦には5万7165人の日本兵が参加し、1万5860名が死傷。実に死傷率3割という惨憺たる結果に終わったのだ。

同じ年の10月、日本軍は2回目の総攻撃を行い、再度要塞に攻め込んだ。だが、この攻撃も失敗に終わり、4000人近くの死傷者を出してしまった。この結果に日本国民は失望し、東京・赤坂にある乃木大将の邸宅に怒った市民が投石し、青年将校が押しかけて静子夫人に乃木大将の辞職を迫るという事件もあった。

二度の総攻撃に失敗した日本軍は、方針の転換を迫られた。旅順には２０３高地という小高い丘がある。参謀本部は第三軍に対し、旅順要塞本体の攻略に固執せず、２０３高地の奪取を命じた。旅順要塞のすぐ脇にある２０３高地からは旅順港が見下ろせた。そこを占領することができれば、港を砲撃することが可能だと思われたからだ。

11月28日に始まった２０３高地の争奪戦は熾烈を極めた。一度は占領した日本軍だったが、すぐさまロシア軍の激しい反撃に遭い、再び奪い返される。その後も一進一退の攻防が続いたが、作戦開始から５日目の12月４日の早朝、ついに日本軍が攻略に成功する。

この戦いで多くの損失を出したロシア軍は要塞の防衛を断念。守備隊が降伏し、作戦開始から４ヵ月後、旅順要塞も陥落した。

だが、多数の損失が出たのは日本軍も同様だった。２０３高地争奪戦に参加した陸軍第７師団１万５０００人は、５日間の戦闘で１０００人にまで

旅順要塞の攻防戦では日本軍も最新兵器の機関銃を使用した

その数を減らしてしまったという。

## ●日露戦争の関ヶ原「奉天会戦」

日露戦争の終盤、明治38（1905）年3月、当時としては世界最大規模の大会戦が満州の地で行われた。それが「奉天会戦」である。

日本軍は、その前々月に旅順要塞を陥落させ、満州の遼陽付近まで軍を進めていた。だが、ロシアにとって、それは予定の通りの退却でもあった。

ロシア軍は、本国からの大兵団の動員を待って反撃に転じる予定だった。それまでは退却をしつつ誘い込み、日本の補給線を伸ばすだけ伸ばす。相手はロシアの厳しい冬に慣れていないので長期戦になると士気が下がる。それを見計らって大兵団で襲いかかろうというのだ。

これは、ロシアがとってきた伝統的な戦略でもある。ナポレオンもロシアを首都陥落寸前まで追い込みながら敗退してしまったし、後年のナチスも似たような経緯で敗れている。

日本軍は、ロシアの兵員輸送が整う前に攻勢をかけ、分がいい状態のうちに講和に持ち込みたいと考えていた。そこで雪が解け、ロシアの輸送が活発になる前に打って出たのだ。

会戦が始まる前、司令官の大山巌は「これは日露戦争の関ヶ原である」と兵士たちに

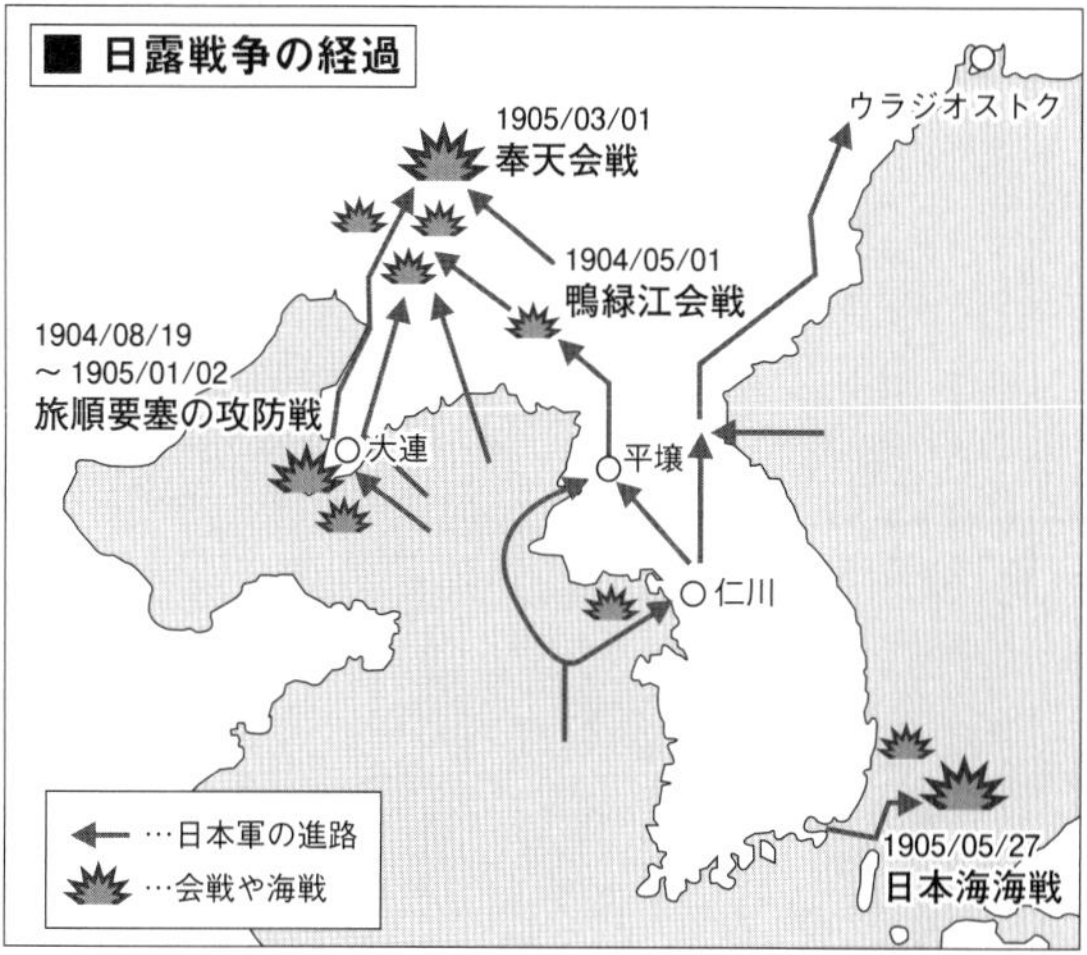


檄を飛ばした。この会戦に参加した兵は、日本軍が24万9800、ロシア軍が36万7200。それまでの戦闘では日本軍がロシア軍に兵力で優っているケースが多かったが、この会戦では、ロシア側が10万人も上回っていた。

これはロシアの兵力輸送が整ってきたことを示しており、戦争が長引けば兵力差はもっと大きくなるはずだった。日本としては、なんとしてもこの辺りで決定的な打撃を与えなければならなかった。

明治38年3月1日、日本軍は奉天付近でロシア軍に総攻撃を開始した。

日本軍は陽動のために左右に展開し、ロシア軍を混乱させることに成功する。だが、数に勝るロシア軍はやがて態勢を立て直すと、両軍はこう着状態に陥った。兵力、火力とも劣る日本軍の中には、窮地に陥る部隊もかなり出てきていた。

一進一退の攻防が1週間ほど続いたが、3月7日、ロシア軍が突如撤退を始めた。ロシア軍の司令長官クロパトキンは、日本軍の兵力を過大評価し、まだ予備兵力があると考えた。もし予備兵力でロシア軍の後方を遮断されれば、退路を失い包囲されてしまう。焦ったクロパトキンは一部の部隊に撤退の命令を下したのだ。

クロパトキンはさらに不安を強め、3月9日には全軍の撤退を命じた。ここでついに日本軍は奉天を占領したのだ。

日本軍はさらに追撃をし戦火を拡大しようとした。しかし、すでに弾薬がほとんど底をついており、それほどの戦果は上げられなかった。奉天会戦での死傷者は日本側7万人、ロシア側9万人。兵力に余裕のない日本軍にとっては、かろうじての勝利といえる。

しかし、まだ講和できるほどの決定的な勝利とは言えなかった。ロシアの陸軍はまだまだ余力があったからだ。決定的な勝利は、海軍の日本海海戦を待つことになったのだ。

# 6

【近代海戦史上、他に類を見ない奇跡の圧勝劇】

# 勝つべくして勝った日本海海戦

## ●日露の海軍力は互角だった

日露戦争における日本海海戦というと、日本海軍が圧倒的な勝利を収め、戦勝を決定づけた戦いとして知られている。

日本海海戦では、ロシア側が戦艦6隻を含む21隻が沈没したのに対し、日本側は水雷艇3隻の損害しかなかった。両軍の死傷者を比べると、日本側が700名だったのに対し、ロシア側は4830名が戦死し、司令長官を含む6000名以上が捕虜になった。歴史的にまれに見る完璧な日本の勝利だった。

この日本海海戦は、よく「日本が奇跡的に勝利を収めた」などと言われることがある。だが、実際はそうではなかった。日本海海戦は勝つべくして勝った戦いだったのだ。

日本海海戦というのは、バルト海を本拠地にしていたロシアのバルチック艦隊と、日本の連合艦隊が激突した海戦である。バルト海にいたバルチック艦隊が遠く離れた日本海まで攻めていったのには理由がある。

日露戦争開戦当時、日本とロシアの海軍力には大きな開きがあった。ロシアが14隻の戦艦クラスの艦船を持っていたのに比し、日本が保有する戦艦はわずかに5隻。大型艦船の数が勝敗を握っていた当時の海戦では、日本は圧倒的に不利といえた。

だが、ロシア海軍が必ずしも有利だったか、というとそういうわけではなかった。前述したように、ロシアは多数の戦艦を所有していたが、それらはヨーロッパとアジアに分散していた。アジアに駐留している戦艦だけを比べれば、日本とロシアの保有数はほぼ互角だったのだ。

ロシアとしては、せっかく艦船の総数で圧倒しているので、その数的優位を活かしたい。そこでロシアはヨーロッパのバルト海に展開している艦隊をアジアまで引っ張ってくることにした。こうしてバルチック艦隊は7ヵ月に及ぶ大遠征をし、日本海を目指すことになったのだ。

## ●決戦に遅れたバルチック艦隊

しかし、バルチック艦隊の先行きには、当初から暗雲が漂っていた。当時、ロシア帝国は末期にあり、官僚組織が疲弊していた。そのため、手続きに手間取り、出航までに数ヵ月を要してしまった。もし素早く出航していれば、結果はもっと違ったものになっただろう。

なぜなら、バルチック艦隊が到着する前にロシアの太平洋艦隊が撃滅してしまったからだ。

ロシアの太平洋艦隊は、開戦当初、旅順港に篭って出てこなかった。旅順港には難攻不落の要塞がある。そこでバルチック艦隊の到着を待ち、合流し次第、総攻撃をかけるつもりだったのだ。

太平洋艦隊とバルチック艦隊が合流すると不利になる。そう考えた日本軍は、バルチック艦隊が到着する前に、太平洋艦隊の撃滅を狙った。

太平洋艦隊を攻撃するには、まずはなんとかして旅順港から追い出さねばならない。そこで海軍は、陸軍に旅順要塞の攻略を要請。陸と海の双方から攻めることにしたのだ。

海軍の要請を受けた陸軍は旅順要塞を攻撃、さ

旅順攻防戦。日本軍の砲撃により、ロシアの石油庫で火災が発生している。（写真：日本海軍軍令部編『明治三十七八年海戦史第２巻』芙蓉書房）

らに旅順港の太平洋艦隊にも砲撃を加えた。

このまま港に留まっていると壊滅のおそれがある。そう考えた太平洋艦隊のヴィトゲフト少将は、旅順港を脱し、ウラジオストクに移動することを決定した。

だが、旅順港の出口にはすでに日本の連合艦隊が待ち構えていた。

1904年8月10日、日本海軍の連合艦隊がロシアの太平洋艦隊に砲撃を開始した。黄海海戦である。砲撃を受けた太平洋艦隊は、ひたすらウラジオストク方面に船を進めた。だが、途中で旗艦ツェサレーヴィチが被弾、司令官のヴィトゲフト少将が死亡する。太平洋艦隊は大混乱に陥り、ウラジオストク行きを断念して旅順に逃げ戻ることになった。

その後、太平洋艦隊は旅順港に再びこもるようになった。そして1905年1月、ついに陸軍が旅順要塞の攻略に成功、太平洋艦隊は壊滅した。バルチック艦隊が出撃してから、3ヵ月後のことだった。

## ●皇国の興廃、コノ一戦ニ在り

航海の途中で太平洋艦隊の壊滅を知ったバルチック艦隊は、作戦の変更を迫られた。

艦隊の規模を比べると、バルチック艦隊は日本の連合艦隊をわずかに上回っていた。だが、その陣容は旧式の戦艦がほとんどで、長期にわたる航海で船体にカキがつき、速力自

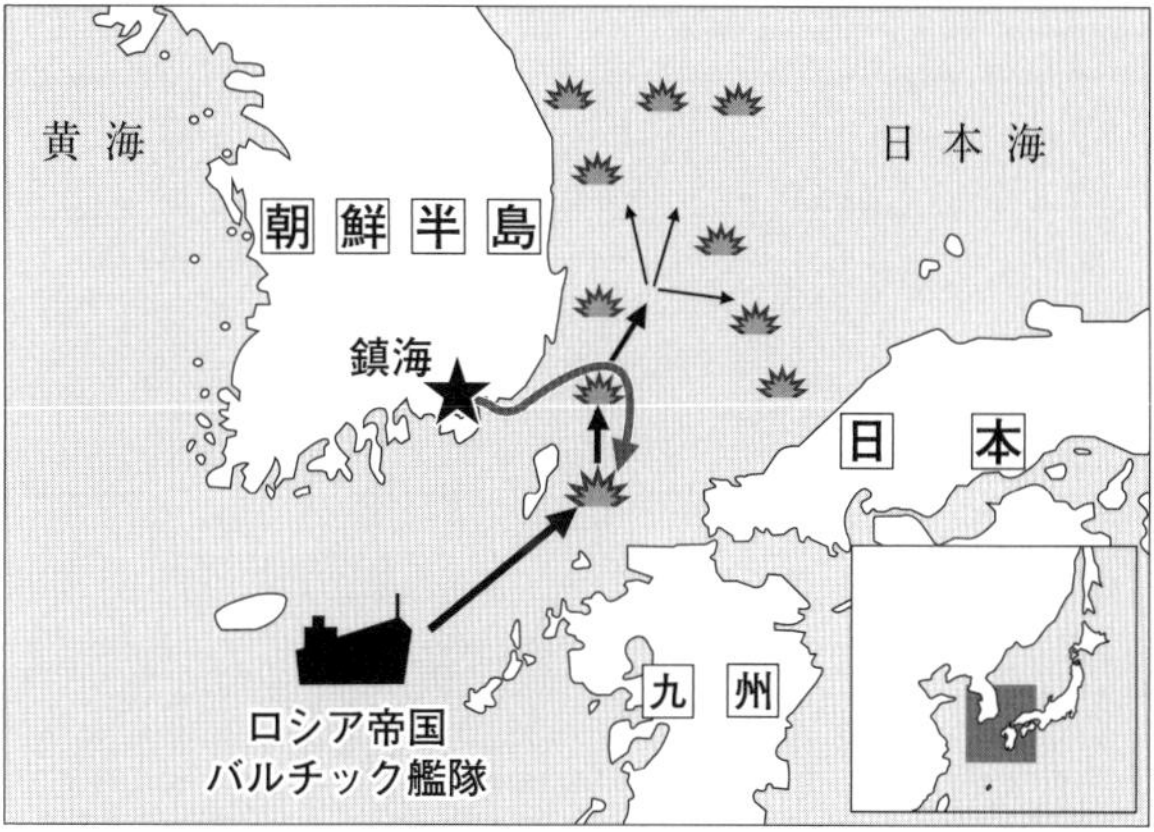


日本海海戦の経過図。日本軍は日露戦争前に朝鮮の鎮海を占領し、基地とした。

体も弱まっている。また、乗組員の疲労もかなりのものがある。

このままでは日本の連合艦隊に太刀打ちできない、と考えたバルチック艦隊は目標をウラジオストクの基地に変えた。そこに逃げ込むことができれば、日本軍の補給船を攻撃するなどして、日本海ににらみを利かせることができる。

対する日本側もそんなことは百も承知だった。日本軍は艦船をドックに入れて整備をし、乗組員の猛烈な訓練を重ねた。そして、バルチック艦隊が逃げられないように日本近海に通信網を張り巡らせて、万全の状態で待ち受けていた。

そこにやってきたのが、バルチック艦隊なのだ。日本としては負けるわけがない戦いであった。というより勝ちは当然であり、勝った上に逃がさないことが命題だったのである。

１９０５年5月27日、ロシアのバルチック艦隊（戦艦８隻、海防戦艦３隻、装甲巡洋艦３隻）が日本海に到着した。日本海軍連合艦隊の東郷平八郎司令官は、それを戦艦４隻、装甲巡洋艦８隻で迎え撃った。

「皇国ノ興廃、コノ一戦ニ在リ。各員一層奮励努力セヨ」

このZ旗信号で始まった海戦は、わずか30分で大勢が決した。連合艦隊は巧みな操舵技術でバルチック艦隊を翻弄、進路を遮断すると一斉砲撃を加えた。砲撃をまともに受けたバルチック艦隊は船隊が崩れ、散り散りとなって離脱を図る。連合艦隊はそれを追撃、攻撃は夜間も続けられ、バルチック艦隊の主力の最新鋭戦艦５隻のうち４隻を撃沈した。

そして翌日、撃沈を免れた戦艦が白旗を揚げる。大艦隊同士の海戦ではかつてない、日本側の完璧な勝利だった。

# 7

## 【本当は日本に分のいい引き分けだった!?】
# 日本は日露戦争に勝ったのか？

### ●日露戦争は勝者なき戦いだったのか？

日露戦争については、「日本は本当は勝っていない」という表現をされることもある。日本はいくつかの戦いに勝利したが、国力を使い果たしており、それ以上戦争を続けることはできなかった。それに対して、ロシアにはまだ戦争を続ける余裕があった。その時点で講和を結んだので、ドローではないか、というのである。

事実、日本軍は陸上における最後の大会戦となった「奉天会戦」が終わった時点で、弾薬をほとんど使い果たしていた。また、日本海海戦ではわずかな損害で大きな戦功を挙げた日本軍だったが、戦争を通して見ると、ロシア軍よりも多くの死傷者を出していた。さらに、戦後に行われた講和会議でも、日本は当初の主張をかなり譲歩して終わっている。

戦争というのは、スポーツの試合のように、勝ち負けの定義が明確にあるわけではない。だから考え方によっては勝敗が違ってくることもある。たしかに、日露戦争はドローだっ

ポーツマス会議の様子。写真手前の左から３番目が日本の全権大使を務めた小村寿太郎。その向かいに座っているのが、ロシアの全権大使ウィッテ。

たという見方ができないこともない。

しかし、戦争の常識から見るならば、日露戦争は間違いなく日本の勝利なのである。

それは戦争の前後でどちらが増やし、どちらが減らしたかということを見れば、一目瞭然だ。

ポーツマス条約では、日本は朝鮮半島を完全に支配下とし、満州鉄道とそれに付随する権利、北方領土50度線以南などを得た。日本がこれを得たということは、ロシアはそれを譲ったということである。賠償金こそ得ることはできなかったが、戦争前と戦争後を比べれば、明らかに日本は領地を増やし、ロシアは減らしているのである。

講和条約では、日本は交渉で譲歩を続けたが、それは当初主張した取り分を減らしたというだけであって、ロシアになにか差し出したわけではない。差し出したのはロシアであり、もらったのは日本なのだ。

そう見ると、やはり日露戦争はドローだったという見方は的を射ていないことになる。

戦いに負けてもいないのに、自国の権益をわざわざ渡す国はない。ロシアは戦いに敗れたからこそ、日本に自国の権益を差し出したのだ。

## ●日本海海戦後、ロシア領に踏み込んだ日本軍

日露戦争は、主に満州や朝鮮半島で繰り広げられた。

これらの地域は、ロシア領ではなくロシアが中国や朝鮮から租借していた地域である。だから日露戦争では、ロシアはまったく領土を削られていない、と思われがちである。

しかし日露戦争の末期、日本はロシア領に直接踏み込み、占領しているのである。

そのロシア領とは樺太のことである。

前述したように樺太は江戸時代、幕府は日本の領土としていたが、明治8（1875）年、ロシアと結んだ樺太千島交換条約により、ロシア領となっていた。

日本軍が樺太に侵攻したのは、日本海海戦から1ヵ月後の1905年7月7日のこと。

その時、すでにロシアの太平洋艦隊は壊滅状態にあり、日本の上陸を阻む艦船などいなかった。また樺太には、守備隊と呼べるような兵力もなかったため、日本軍はわずか1ヵ月で樺太を占領してしまったのだ。

樺太を占領することは、実は当時のアメリカの大統領ルーズベルトが日本政府にすすめ

たことでもある。

日本とロシアの仲介役を買っていたルーズベルトは、負けていながらも、講和に積極的ではないロシアに対していら立ちを覚えていた。

ロシアは日本海海戦で完敗したにも関わらず、ルーズベルトの講和勧告を拒否していた。日本海海戦後の1905年5月30日に開かれたロシアの宮廷会議では、戦争の継続を決定しているのだ。

「ロシアはまだ一片の領土も占領されていない」

というのがその理由だった。そこでルーズベルトは日本にロシア領を侵攻させ、「これ以上、戦争を続けると領土を侵攻される」と、ロシアに危機感を持たせようとしたのである。

日本軍が樺太に出兵しそうな気配が出てきたのを見て、同年の6月7日にロシアはようやく講和に応じたのである。日本は、ロシアが講和に応じるという返答をしてきた後、交渉を有利に進めるため、あえて樺太に進軍した。そしてようやく、多くの犠牲者を出した日露戦争は講和を迎えることになったのだ。

# 第四章

# 殖産興業と驚異の経済成長

# 1 【富国強兵政策を実現させた確かな経済力】実は貿易大国だった大日本帝国

## ●明治時代にはすでに輸入と輸出が拮抗

現代の日本は、貿易大国である。石油などの天然資源をあまり持たない日本は、それらを諸外国から輸入し、それらをもとに作った工業製品を輸出することで成り立っている。

ところで日本が貿易大国になったのは、いつのことかご存知だろうか？　ほとんどの人は、戦後の高度成長期あたりだと思っているのではないだろうか？

しかし、実は日本という国は、明治以来の貿易大国なのである。

次のページの図表を見てほしい。表にある1873年というのは、明治6年のことである。この時期、日本は文明開化をめざし、欧米から武器や機械製品などを大量に買い込んでいた。しかしその代金は発展途上国にありがちな「外国からの借り入れ」で払ったわけではない。この時点で、すでに輸入と拮抗するくらいの輸出を行っているのだ。つまり、日本は〝自国の産業力〟で、大量の物品を輸入していたのである。

## ■ 明治時代の日本の輸出入（主要開港貨物輸出入・年平均）

| | 1873～1877 | 1878～1882 | 1883～1887 | 1888～1892 | 1893～1897 | 1898～1902 | 1903～1907 | 1908～1912 |
|---|---|---|---|---|---|---|---|---|
| 輸出量 | 22,125 | 30,268 | 41,714 | 72,600 | 124,010 | 219,153 | 357,293 | 444,805 |
| 輸入量 | 26,586 | 32,618 | 32,789 | 69,508 | 145,195 | 262,543 | 418,057 | 485,489 |

※単位：万円（『日本貿易精覧』東洋経済新報社、1935年より）

また1870年代と1900年代では、貿易額は20倍に増えているが、これも日本が輸出をしっかり行っていたことを示している。輸入ばかり行っていたのでは、金が枯渇し、貿易は続かなくなるからだ。表を見ればわかるが、輸入の増加と比例し、輸出量も年々拡大している。日本が急激に西洋化し、軍事力をつけることができたのは、この強い輸出力のおかげなのである。

ここで疑問になるのは日本は開国当初、何を輸出していたのかということである。

江戸時代、日本は人口の9割が農民という農業国家だった。しかも土地が狭く、農産物の生育にもそれほど適しているとはいえない。主要産物である米にしろ、ようやく国民が食っていける程度しかない。だから米を大量に輸出することなどはとてもできない。

日本は農業国としては東南アジア地域とは、比べようがない。豊穣な土地と農業に適した土地を持つ東南アジアでは、穀物にしろ、果物にしろ、日本とは比べものにならないほど大量に収穫できる。欧米諸国は、当時すでに豊かなアジア地域を手中にしているのだから、わざわざ極東の島国に出向いて農産物を買い漁る必要はなかった。つまり、日本は農業国として有力な輸出品はなかったのである。

かといって、工業製品もめぼしいものはほとんどなかった。明治以降、西洋の文明を導入したとはいえ、そう簡単に工業国になれるわけはない。だから幕末から明治にかけて、日本が外国に輸出できるような工業品などなかったのである。

では、日本は何を輸出していたのだろうか？

答えは、「生糸」なのである。

## ●幕末、日本は生糸の世界的な生産地だった

日本の生糸が、いかに輸出品として強い競争力を持っていたかを示すエピソードがある。

日本が開国したのは安政6年6月2日のことである。このわずか一ヵ月後には、運上所（税関のようなところ）が、生糸の輸出を制限している記録があるのだ。幕府は生糸の輸出があまりに急激に増えたために、国内の生糸不足を懸念したのである。それほど、日本の生糸の輸出は、あっという間に拡大したのである。

それにしても、なぜ日本の生糸は、これほど簡単に強力な輸出品になったのか？

生糸というのは、蚕を飼って育て、蚕が発する繭から精製されるものである。農産品と

しては、非常に手間と技術が必要とされる。

ヨーロッパではフランスが生糸の一大産地だったが、蚕というのは飼うのが非常に難しくしばしば病気によって不作になることがあった。日本の開国時も、ヨーロッパの生糸が非常に不作になっている時期だった。１８４０年代からフランス、イタリア、スイスなど主要な生糸生産国の蚕が病気に冒されはじめ、１８６８年には全滅の危機に瀕していた。日本が開国したのは、１８５９年なのでまさにどんぴしゃりのタイミングで、日本の生糸が世界市場になだれこんでいったのだ。

またこの当時、生糸には巨大なマーケットが誕生しようとしていた。アメリカである。それ以前のアメリカは、欧米の中では新興国であり、絹製品というのは贅沢品としてあまり需要がなかった。しかし国の発展とともに、絹製品の需要が増し、原料となる生糸を大量に求めるようになる。アメリカは20世紀初頭には、世界最大の生糸消費国となった。ヨーロッパでは生糸は品薄であり、必然的に日本の生糸を輸入することになったのだ。

格安で品質のいい日本の生糸は、欧米で重宝され、瞬く間に日本の重要な輸出産品となった。

では、なぜ日本にはそうした高度な生糸の生産力があったのだろうか？

中世、日本では生糸は輸入品だった。日明貿易や南蛮貿易では日本は金銀を輸出し、生糸を購入するということが多かった。ポルトガル商船なども、その積み荷の多くは生糸であり、鎖国後もオランダや中国から生糸を輸入し続けていた。

しかし、金銀の流出があまりに多いため、幕府は17世紀後半からは生糸の輸入を制限するようになった。だが、輸入を抑えても、国内の需要が減るわけではない。そこで幕府は諸国に養蚕業に取り組むよう奨励し、国産生糸を増産することで乗り切ろうとしたのだ。その結果、多くの藩が養蚕業に取り組むようになり、養蚕技術が向上。国内で必要とする生糸のほとんどを自国でまかなえるようになった。

江戸時代には、養蚕技術の研究も広く行われており、元禄15（１７０２）年には、我が国で最初の養蚕の技術書『蚕飼養法記』が記され、その後も江戸期だけで１００冊近い技術書が出版された。

また、それらの技術書の中には海を渡って読まれた物もあった。『養蚕秘録』という技術書は、あのシーボルトが日本から持ち帰り、１８４８年にフランス語に翻訳されて出版されている。日本の養蚕業の技術がそれだけ高かったということだろう。

西洋では産業革命によって、機械を使った製糸技術が発明された。だが、日本ではその西洋の技術が入る前から、簡単な機械を使って糸を作っていた。また、江戸時代末期には暖房を使って蚕の生育を早める方法が考案された。これは今も使われている技術である。

現代日本は高い技術力で経済大国となった。その予兆は江戸時代にすでにあったのだ。

## 2 明治時代にはすでに総合商社があった

【エンパイア・ステート・ビルディングに入った日本企業】

### ●戦前の日本経済を象徴する「総合商社」とは

大日本帝国の経済発展を象徴する存在に「総合商社」がある。

総合商社は、現在でも経済で重要な位置を占めているが、実は総合商社という商形態は日本独自のものなのである。

総合商社というものは「鉛筆からミサイルまで」と称されるように、ありとあらゆる品物を世界各地から取り寄せ、世界各地に売りさばくものである。意外と思われるだろうが、このような商形態は、日本の総合商社以外にはほとんどない。欧米の商社は、穀物メジャーや石油メジャーのように、一分野に特化しているものが多く、日本の総合商社のようにあらゆる産品を扱うことはないのである。

なぜ日本にだけ総合商社ができたのか?

実は総合商社というものは、明治日本の苦しい経済事情から、苦肉の策として作られたものなのである。

総合商社が作られた経緯は、だいたい次のようなものである。

幕末の開国でいきなり国際貿易の荒波の中に放り出された日本は、苦汁をなめさせられることになった。たとえば、当時、国際市場と日本国内では金と銀の交換価値が異なっていた。そのため、外国商人によって日本の金が大量に海外に流出した。日本では金の価値が国際市場に比べて安かったため、日本で買った金を海外で売れば、それだけで一儲けできたのである。

この騒動は幕府が貨幣の金の含有量を変更したことで終息したが、それまでに100万両以上の金が海外に流出したとされている。

また日本は開国してすぐに生糸の輸出を始めたが、この生糸の輸出でも散々に痛い目に遭った。貿易に手慣れた外国の商社に安く買いたたかれることが多かったのだ。

そのやり方は非常に巧妙だった。

最初、彼らは高値で生糸を購入する。これは儲かる、として日本の商人が生糸を集め始めたら、そこでピタリと買うのを止める。そうなれば、生糸のダブ付きが起き、相場の暴落が始まる。充分、相場が落ち切ったところで買えば、二束三文で大量の生糸を手に入れることができる、というわけだ。

そうした事態を憂慮した官民の指導者は、外国商人と対等に渡り合える術を探った。そこで編み出されたのが、「総合商社」だったのだ。

総合商社の起源は、幕末の「兵庫商社」だとされている。

兵庫商社というのは、幕府の肝いりで三井などが参加して作られた貿易会社である。

兵庫商社を計画した小栗忠順（右）

日本の輸出入を一手に引き受けることを目的とした会社で、日本の業者は輸出に際して必ずこの兵庫商社を通さねばならないことなどが決められていた。

当時の日本には規模の小さい個人業者が乱立しており、価格競争が激化し、輸出品の価値が必要以上に下落していた。兵庫商社はその価格競争を止めさせ、輸出品の価値を一定に保とうとしたのだ。

兵庫商社は結局、幕末の動乱などの影響で実際に動き出すことはなかった。だが、その先進的な考え方は同時代の人々に大きな衝撃を与え、その後、日本では幅広い商品を扱う「総合商社」が次々と誕生することになる。そしてそれらの商社が日本の経済を引っ張っていくようになったのだ。

## ●エンパイア・ステート・ビルに入った戦前の商社

総合商社は、日本独自の商形態として明治以降に急発展を遂げる。

政府の後押しを得て、勢力を伸ばすと輸出品の取り扱いで外国人商人を駆逐し、やがて海外にも進出するようになったのだ。

明治14（1881）年の段階で、ニューヨークに駐在員を派遣していた日本の商社は、三井物産、貿易商会、同伸会社、起立工商会社、日本商会、七宝商会、佐野理八組、扶桑商会、森村組、田代組の10社を数え、駐在員も31人いたという。

また三井物産は、戦前すでにニューヨークのエンパイア・ステート・ビルディングにオフィスを構えるなど、世界一流の企業と肩を並べる存在となっていた。

三井物産は、日本の貿易だけではなく、外国同士の貿易取引も手掛けるようになっていった。日露戦争直後には満州の大豆をヨーロッパに輸出することに成功し、それ以降、三井物産の第三国間の貿易は急成長した。1930年には、三井物産の第三国間の取引は全取引額の23％を占めるほどになった。

　このように大日本帝国を経済面から牽引してきた「総合商社」だったが、昭和に入るとその立場は急速に悪くなっていく。

　軍需産業の拡大などにより、商社とそれを中心とする財閥は肥大化していった。1940年の時点で商社の取引額は、日本の全取引額の67％を占めていた。日本の富は、一部の商社と財閥に独占されるようになったのだ。

　強大な力を得た商社は、現在のあざといマネーゲームのようなことにも手を出すようになった。詳しくは後述するが、昭和6年には、日本国内が金の流出による大不況に苦しんでいるのを尻目に、三井物産と三菱商事がドルの投機買いを行い、巨額の利益を得ている。

　そうした商社のやり方は、次第に庶民の反発を招くようになる。

　昭和7年には、右翼の血盟団が「ただ私利私欲のみに没頭し国防を軽視し国利民福を思わない極悪人」だとして、三井物産総帥の団琢磨を暗殺。商社を中心とした財閥は、当時の政府などとともに「日本を悪い方に導く代表格」として、敵視されるようになった。そしてその動きが、日本を第二次世界大戦へと後押ししていくことになったのだ。

# 3

## 大日本帝国を支えた驚異の経済成長率

【明治維新から70年間で実質ＧＮＰが６倍に成長！】

### ●イギリスとの貿易戦争

日本は、戦後、経済大国になったと言われる。

しかし、戦前も実は経済的な急成長を遂げていたのである。

明治維新から第二次世界大戦前までの70年間で、日本の実質ＧＮＰは約６倍に増加している。実質鉱工業生産は約30倍、実質農業生産は約３倍になっている。当時、このように急激な経済成長をしている国はなかった。日本は、戦前も奇跡の成長をしていたのである。

そして日本の急激な経済成長は、昭和初期にはイギリスとの貿易戦争にまで発展してしまうのだ。

１９８０年代、アメリカと日本との間で自動車の輸入などでもめて「貿易戦争」などと言われた事があったが、それと同様のことがすでに戦前に起きていたのだ。

なぜイギリスと貿易戦争になったのか？

| 日英の綿製品の輸出状況 | | |
|---|---|---|
| | イギリス | 日本 |
| 昭和7年（1932年） | **2197**（インド599 中国125） | **2032**（インド645 中国210） |
| 昭和11年（1936年） | 1917（インド416 中国8） | **2708**（インド482 中国119） |

その要因は、綿製品である。日本が綿製品の分野において、急激な輸出の増加を示したために、イギリスとの関係が悪くなったのである。

そもそも綿製品というのは、イギリスの代名詞でもあった。イギリスは産業革命によって、綿工業の機械化に成功し、そこで得た経済力によって世界の覇者になった。そのため綿製品というものは、世界の覇者であるイギリスを支える屋台骨でもあったのだ。

その重要な分野に、日本が切り込んだのである。

前述したように、開国以来、日本の輸出品は、絹の原料である生糸が主力だった。だが、そのうち日本の産業界も生糸を売るよりは、絹や綿を製造して売った方が儲けが大きいことに気づき、次第に国内の紡績業が発展していく。そして、第一次大戦でヨーロッパの産業が停滞する間に、一気に国際的なシェアを伸ばしたのだ。

当時、イギリスの紡績業は、産業革命の時に機械化されて以降、大掛かりな設備投資が行われておらず、工場や機械は老朽化していた。そこに新しい工場を作り、最新鋭の機械を導入した日本が殴り込みをかけたのだ。日本は、イギリスに比べてはるかに人件費も安かったので、価格競争の面でも有利だった。

日本はイギリスをジワジワと追い詰め、1933年にはついに紡績業のシェア世界一の座についた。イギリスとしては当然面白くない。自国の重要産品のシェアを日本に奪われたのである。現代の日本に置き換えれば、自動車の輸出で韓国に抜かれるくらいの衝撃があっただろう。

大正時代中期の東洋紡績大阪三軒家工場。とてつもない数の紡績機が並んでいる。(『1億人の昭和史　日本人2』毎日新聞社より)

そこでイギリスは、日本の綿製品のインドへの輸出を制限することにした。

当時の世界経済は、貿易摩擦が起きた時の解決方法がまだ少なかった。今であれば、そんな露骨な方法を採る前に両国で調整が行われるのが普通だが、当時は食うか食われるかの貿易競争が行われていたのである。

こうしたイギリスの行動に、日本はインドの綿花輸入をストップするという対抗措置をとった。インドは日本から大量の綿製品を輸入していたが、その材料である綿花を日本に輸出してもいた。日本がインドからの輸入を止めれば、イギリスも大きな打撃があったのだ。

こうなると、もう貿易戦争である。イギリスは自国の産業保護のために、植民地間で閉鎖的な貿易を行い、植民地をあまり持たない日本は満州にそのはけ口を求めた。イギリスと日本のこの貿易戦争が、第二次大戦の要因のひとつでもあるのだ。

## ●戦前にもあった〝世界のトヨタ〟

紡績業は、戦前の日本の奇跡的な経済成長を支えた基幹事業だった。

その紡績業において、大きな役割を果たしたのが、実は〝トヨタ〟なのである。

現在のトヨタというと、言わずと知れた日本最大の自動車メーカーである。そのトヨタが戦前の日本の輸出を支えていたというのだ。それは一体どういうことだろうか。

日本の紡績業が急成長した背景に、優れた機械の導入ということがある。この優れた紡績機械を製造していたのが、〝トヨタ〟だったのである。

トヨタ自動車というのは、そもそも自動織機の製造メーカーとしてスタートした会社だった。創業者である豊田佐吉は、当時としては画期的な人力織物機を製造し名を成した。その後、欧米に赴き紡績技術を視察、その成果をもとに世界最新鋭となる自動織機を発明した。この豊田佐吉が作った自動織機により、日本の紡績業は急激に躍進したのである。

自動織機というのは、材料の糸が切れた時に自動で補充する機能がついた織機のことである。豊田佐吉の自動織機は操作が簡単で故障が少なく、作業能率を飛躍的に高めた。世界的にも高く評価され、イギリスの自動織機メーカーのプラット社が特許権を購入したほどである。

豊田の自動織機は、日本のみならず中国やインドにも輸出された。メイド・イン・ジャパンの機械輸出のはしりといえるだろう。トヨタは戦前、自動車の製造にも着手していた。世界に冠たる〝トヨタ自動車〟は戦前にその萌芽があるのだ。

# 4

## 【造船、製鉄、自転車製造で世界の市場を席巻】

# すでに高い工業力があった

### ●黒船の衝撃が育てた日本の造船業

驚異的な経済成長を続けた大日本帝国だったが、それに伴い、急速に科学技術を発展させていった。その代表的なものが、造船業と製鉄業だろう。

造船業は高度成長期の日本のお家芸のように思われているが、実は戦前すでに世界第3位の位置にあった。

これも世界史的尺度で見れば不思議な話である。

日本は、〝黒船〟に脅かされ、無理やり開国させられたのである。それなのに、わずか数十年後には、世界有数の〝黒船〟製造国になっているのだから。

もちろん、日本が造船に力を入れはじめたのは黒船の衝撃があったからである。「黒船の脅威」で開国を余儀なくされた日本は〝造船業〟を、もっとも優先的な産業と位置付けた。

明治29（1896）年には「造船奨励法」などが施行され、船の製造には補助金が出され

初の国産戦艦「薩摩」。明治 37（1904）年に竣工し、1910 年に完成。排水量約２万トン、全長 137 メートルという大きさで、第一次大戦にも参戦した。

ることになった。これにより、日本の造船業は大きく前進した。

日露戦争（明治37〜38年）では、戦艦などの主力艦は輸入していたものの、巡洋艦の一部や補助艦などはすでに国産のものが使われていた。そして明治43（１９１０）年頃には、日本の国内の船舶需要は、すべて国内の造船業で賄えるようになり、以後は輸出国に転じた。

第一次大戦では、ヨーロッパの工業生産が落ち込んだのを好機に造船量を激増させた。第一次大戦の間だけで、日本は１８４隻、40万トンの船舶を欧米に輸出し、大戦後にはイギリス、アメリカに次ぐ世界第3位の造船国となったのだ。

太平洋戦争では軍艦のほぼ１００％が国産だった。かの戦艦大和の建造技術も造船業の発展が成したものだったのだ。

## ●自転車の輸出でイギリスを苦しめる

また、国の近代化のバロメーターともされる製鉄でも、日本は急激に発展した。日清戦争の賠償金で八幡製鉄所を建てるなど、国を挙げて力を注ぎ、昭和初期にはほぼ自給できるようになった。昭和7年頃からは輸出までも始めていた。

その結果、日本は太平洋戦争時には、軍艦のみならず、航空機、大砲、戦車、小銃など武器のほとんどを国産で賄えるようになっていた。

欧米でも、第二次大戦当時、自軍の武器のほとんどを国産で賄っていた国というのは、アメリカ、イギリス、フランス、ドイツなどごく一部の国で、もちろん欧米以外では日本だけである。

この製鉄技術の向上は、もうひとつ大日本帝国に大きな輸出品を生み出した。

それは自転車である。

明治34年に操業を開始した八幡製鉄所（『1億人の昭和史14』毎日新聞社より）

日本で自転車産業が盛んになった原因は、明治維新にある。江戸時代、各藩にはお抱えの鉄砲職人というものがいた。だが、維新後に西洋の新しい技術がもたらされると、お抱え鉄砲職人の大部分は職を失うことになった。そこで彼らが目をつけたのが、鉄砲と同じ鉄でできた自転車だった。

自転車が日本に入ってきたのは、明治維新前後のこととされている。鉄砲職人らは最初は自転車の修理業を営み、その構造を理解すると次第に自分たちの手で作るようになった。大正12年、日本では1年間に7万台の自転車が作られていた。だが、年を追うごとにその数が増加。昭和3年には年間12万台、昭和8年には年間66万台、そして昭和11年にはついに年間生産量が100万台を突破したのだ。

この頃になると、作られた自転車の多くは海外向けの商品だった。日本の自転車は性能がよく、しかも安価だった。

当時、自転車というのは、イギリスの主力輸出品のひとつだった。そのイギリス製の自転車が1台50円程度もしたのに対し、日本製の自転車は25円前後で売られていた。この安さのために、日本製自転車は人気を呼び、またたくまに多くのシェアを獲得していったのだ。

昭和12年、自転車は日本の機械系輸出品目で1位になる。主な輸出先は中国、インドネシア、インドなどだった。

　こうした動きにインドの宗主国であるイギリスは黙っていなかった。日本製の自転車の動きを止めるために、自国の植民地に輸出される際には高い関税をかけたのだ。

　だが、低価格路線の日本製自転車はそれでも止められなかった。日本ではその後も自転車が盛んに製造され、第二次世界大戦が激化するまで、毎年１００万台を超す自転車が作り続けられることになった。

　造船業や製鉄業、自転車製造業といった分野は、現代の日本でも盛んに行われているものだ。日本の工業化というと戦後になって達成されたように思われがちだが、昭和の初期には自転車や船舶に加えて、鉄道車両や自動車などの輸出も行われていた。日本の工業化の下地は、大日本帝国の早い段階ですでに作られていたのである。

# 5

## 【安易に外国から借金しなかった明治政府】堅実な財政が大日本帝国を発展させた

### ●やりくり上手だった明治政府

開国以来、急激な発展を遂げた大日本帝国。

だが、その内容を見てみると他のアジア地域の発展の仕方とはかなり違うことが分かる。

他のアジアの国々は外国の資本を受け入れることで一気にインフラを整え、工業化を推し進めてきた。それは一見、国が豊かになったように思えるが、国の経済を外国に握られているということでもある。その点、明治政府は外国からの借り入れが非常に少なかった。日露戦争の費用はさすがに借金をせざるを得なかったが、それ以外はよほどのことがない限り外国から金を借りなかった。

明治初期、政府が外国から大きな借り入れをしたのは3回しかない。

1回目は、幕府がフランスから借りた金を返すときである。

幕府は横須賀に巨大な製鉄所を作っていたが、その際に、フランスから50万ドルを借り

浮世絵に描かれた開業当初の鉄道。建設費用の大半はイギリスからの借金で補った。

入れ、製鉄所そのものを担保にしていた。明治政府は、横須賀の製鉄所を管理下に置こうとしたが、フランスが首を縦に振らなかった。50万ドルを返さない限り、接収するというのである。

横須賀の製鉄所は、新政府が掲げる富国強兵の要となるものだ。外国に占有されては大変なことになる。

そこで新政府はイギリスに掛け合ってみることにした。イギリスは幕末から薩摩藩や長州藩に肩入れしており、両藩出身者が主体となっていた新政府とも関係が深かった。イギリスにとっても、ライバルのフランスが日本の製鉄所を占領するのは面白いことではなかった。新政府はなんとかイギリスから融資を受け、それでフランスの借金を返したのだ。

2回目の借金は鉄道を敷設するときである。

鉄道は文明開化のシンボルでもあった。日本はこの鉄道を明治維新からわずか5年後に開通させている。

鉄道を敷設するには西洋諸国から技術を導入し、機関車や車両を購入しなければならない。そのネックとなったのは、当然のごとく資金であった。

どうやってその資金を捻出するか、さまざまな方法が検討された。

もっともいい方法は日本政府が自ら資金を出すことだが、維新直後の政府には余裕がまったくなかった。民間の企業や資本家に金を出させるという手もあるが、国民のほとんどは鉄道というものを知らず、出資する奇特な資産家もいなかった。

そのため、外国の鉄道会社に日本の鉄道の敷設権を売り、外国企業によって鉄道を作らせようということも考えた。だが、明治政府は外国の企業に鉄道を作らせることに抵抗があった。そこで再びイギリスを頼ることにし、外債を発行して資金を調達したのだ。

これも非常に賢明な判断だったといえる。自国の鉄道を外国に作らせたために、発展の足かせになったケースは非常に多い。たとえば清国では、自国の鉄道の多くを外国に作らせてしまった。かの満州鉄道もロシアが中国から敷設権を買い、日本がそれを引き継いだのである。

その結果、中国は自国の権益をみすみす外国に取られることになり、その後、自国の鉄道を取り戻すために大変な犠牲を強いられた。満州事変も、もともとは日本の満州鉄道の権益を中国が無理やり無効化しようとして生じたという側面がある。貧乏ながらもあくまで自力で鉄道を作った明治の日本は、相当に賢かったと言えるのだ。

3回目の借金は、武士の秩禄を償還するときである。

江戸時代、武士は大名に仕えることで秩禄という給与のようなものを貰って生活していた。だが、版籍奉還により大名が領地を失ったため、武士もまた秩禄を受けとることができなくなった。そこで明治政府は、武士の秩禄という特権を奉還させ、その代わりに一時金としてまとまった額を支払うことにした。だが、その金がないので、一時的に公債を発行したのである。公債なので、当然、償還しなければならないが償還の資金がない。その資金を調達するために、外国公債を発行したのである。

## ●日本の発展を支えた懸命な判断

このように明治政府は、明治初期、極力、外国からの借り入れをしなかった。財政は苦しく、資金は喉から手が出るほど欲しかったが、外国から借金をすれば、外国に付け込まれる恐れがある、として避けてきたのだ。

外国からの借金で国力を弱め、国が混乱する、というケースは当時のアジアでは枚挙にいとまがなかった。たとえば、鉄道建設の件でも引き合いに出した清国は、１８６７年に欧米から最初の借款をして以来、政権崩壊までに莫大な借金を積み上げた。

清の借金の方法は主に関税収入を担保とする、というものだった。そのため税関は、諸外国に握られ、徴収された関税は借金の返済に充てられ、諸経費を差し引いた残額が清朝政府に渡される、という屈辱的なことも起こっていた。

また清は、日清戦争の費用も外国から借りていた。清国では、清朝政府、地方官僚が日清戦争までに外国から借りていた金は9000万両にも上っている。この借金は当然、清の財政を悪化させ、清朝崩壊やその後の中国の混乱につながるのである。

それを考えた時、経済的に苦しい中をなんとかやりくりして、国を作り上げてきた明治の高官たちの努力は、評価されるべきであろう。

イギリス・大砲メーカーのアームストロング社の代理人バルタサー・ミュンターは、次のように日本の財政を高く評価している。

「日本はあらゆる機関にお雇い外国人を入れ、指導を仰いだが、大蔵省にだけは入れなかった。そのため、日本は外国からあまり金を借りなかった。発展途上国は、外国から多額の借金をすることで、財政を破綻させていくが日本にはそれがなかった」

明治初期の指導者たちのこうした取り組みは、その後の大日本帝国の発展に大きく寄与した。外国からの借金という足かせを極力背負わなかったために、大日本帝国は国力を伸ばしていくことができたからだ。

# 第五章

# 戦争依存国家と軍部の暴走

# 1

【国民は国際連盟の脱退を熱狂的に支持した】

# 軍部の暴走を歓迎した国民世論

## ●軍部の暴走を国民は熱狂的に支持した

昭和の泥沼の戦争を追究していく際に、まず念頭に置いて欲しいことは、軍部の暴走を国民は熱狂的に支持していた、ということである。

我々が小中学校の歴史で学んできた印象から見れば、昭和初期は軍部が暴走したことで、日本は泥沼の戦争に引きずられていった、国民は言論統制により言いたいことも言えず、軍部の横暴に耐え忍んでいた、というようなイメージがある。

しかし、これは大きな誤りである。

国民は軍部の暴走を熱狂的に支持していた。国民が軍部を後押ししたがために、議会はそれを抑えたくても抑えることができなかった。軍部の暴走に拍車をかけたのは、国民世論だったといえるのである。

たとえば、満州事変。

満州事変は、日本を国際的に孤立させる重大な出来事であり、その後の泥沼の戦争のきっかけになったものである。この満州事変が起こったとき、国民は熱狂的に支持したのである。

勃発から1ヵ月後の昭和6年10月24日には、満州駐留兵士への慰問袋が7000個に達している。また同年の11月25日には満州駐留兵士への慰問金が10万円を突破している。当時の10万円というと、現在の金額に換算すれば数億円の価値がある。当時の満州の兵士というのは、別に災害にあったわけでもない。軍から給料が支払われているわけで、生活に困っているわけでも、住む場所がなくなったわけでもない。それなのに、なぜ慰問金が寄せられたかというと、国民が感謝の意を表したいがためである。しかもこの慰問金は、政府が推奨したから集められたわけではない。当時、政府は満州事変の拡大を恐れ、軍部や国民世論を抑えようとしていた。慰問金は国民がまったくの自発的に行ったことだったのである。

これ以降、国民の軍に対する献金が加速度的に増えていく。

群馬県の高崎では、同年の11月に「鉄兜献金」という運動が始まる。これは、運動に賛同する者が1人当たり毎月5銭を積み立てて、陸軍に鉄兜を贈ろうというものである。発足直後の11月19日には、手始めに鉄兜89個分として陸軍省に納めている。この運動が全国に広がり、飛行機の製造費のための献金「愛国飛行機献納運動」へと拡大していく。

軍は、国家の税収から軍事費をもらっているのだから、理屈から言えば、国民が鉄兜や飛行機の製造費を献金するのはおかしい話である。しかし国民は何とか自分たちの気持ちを形にしたく、献金運動を行ったのである。このように昭和初期の国民は、軍部の暴走を大歓迎していたのである。

## ●国際連盟脱退の松岡洋右を熱狂的に迎えた国民

国民が軍部の暴走を熱狂的に支持したということについてもう少し言及したい。

満州事変の勃発と、それに続く満州国の建国は日本を国際的に孤立させた。後世の我々は、なぜ日本は世界で孤立するようなことを選んだのか、と疑問に思う。しかし、その答えは当時の新聞を見れば明白に見えてくる。

国民は、日本の国際連盟の脱退を熱狂的に支持していた。政府は国民世論に押し切られて、国際連盟脱退に踏み切ったとさえいえるのだ。

国際連盟脱退に対する国民の意識は、松岡全権大使が帰国した時に非常にわかりやすく表れている。

昭和8年2月、全権大使の松岡洋右は、ジュネーブで開かれた国際連盟の総会で、日本の脱退を表明した。松岡洋右は国民は怒っているだろうと思い、直接帰国せずにアメリカに立ち寄っていた。しかし、当時の日本国民は松岡の行動を絶賛しており、それは報道を通じて松岡の耳にも聞こえてきていた。松岡がようやく決心して帰国すると、凱旋将軍のように迎えられたのである。

東京朝日新聞では松岡洋右の帰国の様子を次のように報じている。

「歓迎の嵐の中に無量の感慨を抱いて松岡代表帰国す」

～日本晴れに輝く横浜港～

日本の外交に画期的な転換をもたらした、国際連盟会議に帝国首席代表として出席のため、去る10月21日、故国を鹿島立した松岡洋右は、出発以来7ヵ月振りに27日午後横浜着、朝野を挙げての歓迎のあらしの中を直ちに特別列車にて同3時5分東京駅着、閣僚以下官民多数の熱誠なる歓迎を受けて華々しく帰朝した。

零時55分臨時列車が到着する頃四号上屋内外は数万の人の山で埋まった。検疫を終えた浅間丸が漸く港内へ姿を現すと旋回する飛行機の爆音とともに歓迎の人垣は動揺する。午後1時船体がぴったり岸壁へ横づけとなるや万歳万歳の歓呼の声が怒涛のようにわき上った。松岡全権一行がタラップを伝わって力強い上陸第一歩を印する瞬間、上屋を揺がす歓呼は爆発して一種壮烈なシーンを展開した。ＪＯＡＫのマイクを通じて河西アナウンサーがこの盛観を全国民の胸へ伝へる頃、万歳歓呼の浪を分けて全権一行は上屋休憩室で少憩の後、午後2時20分岸壁構内を埋めた官民一同の熱狂歓呼のあらしを後に臨時列車によって晴れやかに帝都へ向った。

国民の熱狂が伝わってくるような熱い記事である。

このように当時の国民は、国際連盟を脱退することを大歓迎していたのである。なぜ国際連盟の脱退を大歓迎したのか、というと、国際連盟の満州国否認の決議に、国民は大きな不満を抱いていたからである。

このときの脱退劇というのは、総会に参加した44ヵ国のうち、42ヵ国が満州国否認の決議に賛成し、シャムが棄権票、日本だけが反対だった。つまり、42対1の圧倒的に不利な状況だったのである。これ以上ないというほどの国際的孤立である。

この国際的孤立が何を意味するのか、国民は誰も冷静に考えなかったのである。

昭和初期の軍部が、なぜあのように暴走したのか、ということについての歴史研究では、「世論の力」は無視される傾向にある。しかし当時の世論を無視して、昭和の軍部は語れないのである。大日本帝国の命運は国民が握っていたということを、我々は肝に銘じなければならないといえる。

# 2

## 【日本の近代化から取り残された貧しき農村】
# 軍国主義は農村から始まった

### ●農村から起こった軍国主義

それにしても、国民はなぜ軍部の暴走に熱狂したのか？

そのことが解明できなければ、大日本帝国の崩壊の理由はわからないはずである。

この疑問を解くカギは、農村にある。

大日本帝国というと、大勢の軍人や文明開化された都市がイメージされることが多い。しかし、人口比から見れば、大日本帝国は間違いなく農業国だった。

昭和初期の時点で、日本の農業人口は全就労人口の50％近くを占めており、職業人口としては断トツのナンバーワンだった。また、商工業に従事している人でも実家が農業を営んでいるケースも多く、国民の大半が何らかの形で農業に関わっていたと考えられる。

そのため、当時の日本の世情は、農家の生活と密接に連動していた。農家が苦しい時は、世情が不安定になったのだ。

大日本帝国の農家の多くは、大変な暮らしを強いられていた。

都市の生活者は現代とさほど変わらない、便利で文化的な生活を営んでいた。町には電気が通っていたし、ガスや上下水道も整備されていた。

だが、それに比べて農山村の暮らしは過酷だった。水道やガスが整っていない農山村も多かった。そういう地域では水は近くの川や井戸まで汲みにいかねばならず、煮炊きはかまどや囲炉裏を使っていた。そのため、燃料となる薪や柴の調達が欠かせなかった。電熱器などを使っていたのは都市部の家庭だけで、農山村では白熱灯が1つだけついているなどといったことも珍しくはなかった。農山村は発展から取り残されていたのである。

昭和初期、そうした貧しい農村に大きな打撃を与えるようなことが立て続けに起こった。昭和4（1929）年に世界大恐慌が起こり、農産物の価格が大きく下落した。そして昭和9（1934）年は、東北地方で歴史的な不作となった。

これらの農家の窮状に対して、政府は有効な手立てを講じることができなかった。

軍部が台頭していったのは、そんなときである。

農村の人々は、満州国ができれば景気が良くなり農作物の価格も上がると考えた。また、今よりはマシな生活ができるのではないかと満州に移住を考える農家もいた。満州事変の勃発とそれに続く満州国の建国は、生活苦を抱える農村にとって希望の光のように見えたはずだ。だからこそ彼らは、強固に大陸政策を打ち出す軍部を支持することになった。多くの人が、軍部が大陸で勢力を伸ばすことが、農村の危機を救うことに繋がると錯覚したのだ。

## ●農家の生活苦が軍部の暴走を招いた

当時の農村の窮状について、もう少し詳しく見てみたい。

大日本帝国での農家は、実は経営基盤が非常に弱いものでもあった。

今でも日本の農業は「土地の狭さ」という問題があるが、それは当時から抱えていたものである。

上に当時の各国における1人あたりの農地面積を載せた。これを見ればわかるが、当時の日本の1人あたりの農地面積は世界に比べて非常に狭い。

所有耕地は5反未満が約50％で、3町以上の耕作地を持つ農家は8％に過ぎなかった。

**昭和6年当時の1人当たりの耕地面積**

| | | |
|---|---|---|
| 日本 | 内地 | 0.45 ヘクタール |
| | 朝鮮 | 0.57 ヘクタール |
| | 台湾 | 0.31 ヘクタール |
| イギリス | 3.9 ヘクタール | |
| フランス | 2.7 ヘクタール | |
| ドイツ | 2.1 ヘクタール | |
| イタリア | 1.3 ヘクタール | |
| オランダ | 1.4 ヘクタール | |
| アメリカ | 12.8 ヘクタール | |
| インド | 1.2 ヘクタール | |

しかも戦前は、土地を持たずに農作業だけを請け負う「小作人」が多かった。当時の日本の耕地面積は自作53%、小作47%、不在地主は耕地所有者の19%だった。つまり日本の農家の半数は小作人だったのである。

彼らは地主に作物の中の一部を納めるのではなく、決められた小作料を支払って農地を使わせてもらっていた。そのため、農作物が不作のときや、農作物の価格が暴落したときは、小作料が払えなくなり困窮した。

特に昭和初期に起きた世界恐慌で、農村は大きな打撃を受けた。

昭和5年、当時の物価は20～30%下落したが、農産物の価格はもっともひどい影響を受けた。米は半値以下、繭は3分の1以下になったのだ。これは農家の生活をたちまち直撃した。当時の多くの農家は、借金で種や肥料などを購入し、収穫後にそれを返済するという経営サイクルをとっていた。それが農作物の価格暴落によって返せなくなってしまったのだ。昭和7年当時、農家の一戸当たりの平均借金額は８４０円で、農家の平均年収723円を大幅に上回るものだった。

昭和9年には東北地方が冷害で不作となり、農村はまた大きな打撃を受けた。東北地方の農村では学校に弁当を持っていけない「欠食児童」や娘の身売りが続出、一家心中も多発し、社会問題となったのである農村における娘の身売りはかねてから社会問題になっており、昭和6年に山形県最上郡西小国村で行われた調査では、村の15歳から24歳までの未婚の女性の467名のうち、23%にあたる110名が家族によって身売りを強いられたという。警視庁の調べによると、昭和4年の1年間だけで、東京に売られてきた少女は6130人だった。

救世軍によって人買いから救出された少女たち（『決定版　昭和史７』毎日新聞社）

当時の新聞には、困窮する山形県の農村の様子が次のように書かれている。

「奥の小友村（米の収穫は九割減即ち一分作）から連れられて来た十二、三の小娘二人、周旋屋に引き立てられ行く。養成の本場久慈、宮古などへ行くのださうである。何郡から何十人、何村から何十人売られて行ったといふ統計を見せられるよりも、この二人の小娘の売られ行く姿をまのあたりに見ることの如何に強烈なショックを与えたことか」

五・一五事件や二・二六事件でクーデターを起こし

た将校たちも、この農村の荒廃を動機の1つに上げている。当時の軍には、農山村の次男坊、三男坊が入ってくることが多かった。必然的に若い将校たちは、兵士たちから農村の窮状を見聞きすることになる。農村の窮状に軍が敏感に反応したのは、このためだったのだ。

戦時中、大本営の参謀であり、戦後は伊藤忠商事の会長になった瀬島龍三が著した『幾山河』（産経新聞刊）には、次のような記述がある。

「さて、初年兵教育を受け持って感じたのは、兵たちの半分くらいは貧しい農漁林業の生まれということだ。中には、妹が夜の勤めに出ている、家の借金が火の車というような者もいた。一方では新聞紙上で、ドル買いで財閥が儲けたとか、政治の腐敗とか、その他、我が国をめぐる厳しい内外の諸問題などを知るにつれ、私自身、社会観が変わっていったように思う」

明治維新から70年で、日本は世界有数の先進国になっていた。だが、その急激な発展に社会が追いつかず、様々な歪が生じていた。その代表的なものと言えるのが、農山村の窮状だろう。

日本が昭和初期、戦争に突き進んでいった背景には、実はこういう事情があったのである。

# 3 国民を戦争に駆り立てた「格差社会」

## 【巨万の富を得る財閥、残飯を漁る貧民】

### ●財閥と貧民窟

これまで戦前の農村の貧しさについて言及してきたが、その一方で、大日本帝国には今では考えられないような巨万の富みを持つ富裕層も存在していた。

それは財閥である。

財閥というのは、特定の一族が巨大な企業集団を形成したものである。現在でもコンツェルンやコングロマリットなどと呼ばれる企業の複合体があるが、財閥はそれらと違って株式をほとんど公開せず、一族経営の度合いが強かった。

財閥は戦前の日本で非常に大きな力を持っており、産業全体を支配していた。終戦時には、三井、三菱、住友、安田の四大財閥だけで、日本全国の企業の資本金の49・7％を占めていた。資産額に限っていえば、それ以上の高い比率があったのではないかとされている。

では、財閥のトップたちはどれほどの収入を得ていたのか。当時の長者番付を見てみると驚くべき実態が浮かび上がってくる。

昭和2年の長者番付では1位から8位まではすべて三菱、三井の一族に占められている。その年の1位に輝いた三菱財閥の3代目総帥、岩崎久弥の年収は431万円。当時は大学出の初任給が月給50円前後、労働者の日給が1、2円という時代だったので、岩崎久弥は一般人の1万倍近くの収入を得ていたことになる。現代なら年収4、500億円にはなるだろう。

財閥のトップほどではないが、大企業に勤めるサラリーマンの年収もなかなか凄いものがあった。昭和4年頃の日本石油や日本郵船といった大企業では、課長クラスで年収1万円だったとされる。当時の日本の一世帯あたりの平均年収が800円だったので、今で言えば年収5000万円前後の超高給取りということになる。

だが、そうした暮らしを送ることができたのは、国民のごくわずかだった。

前述したように、当時の国民の大半は農業従事者だった。東北の農家などは、不作や農作物の価格下落で食うや食わずの暮らしを送っており、娘を身売りさせるような状況に陥っていた。現代も格差が広がってきた、などと言われることがあるが、戦前の日本は今とは比べようがないほど、凄まじい格差社会だったのだ。

その格差を物語るのが、都市部にあった貧民窟である。

戦前の日本には、都市部に貧しい者が集まる寄せ場のような場所があった。東京ならば深川、浅草、芝、小石川、下谷、京橋、麻布、牛込、本郷、四谷、神田、赤坂などに貧民窟があり、貧しい者たちが身を寄せ合って暮らしていた。昭和4年に東京市が行った調査では、援助が必要な「細民」は約2万世帯、合計8万人いたという。

その他、東京市の周辺には約7万世帯、29万人の細民がいた。つまり、現在の東京都だけで40万人近くの生活困難者がいたのである。

昭和初期、大阪の貧民窟。貧民窟は東京だけでなく、各大都市に存在していた。

貧民窟の暮らしは、悲惨そのものだった。彼らは不衛生で狭い長屋に暮らし、主に残飯を食べていた。当時は兵営や軍の学校で出た残飯を買い取る業者がおり、その業者が量り売りしたものを買って食べるのである。

かたや巨万の富みを得て、かたや残飯を漁る。

第一次大戦後、日本は世界の「五大国」入りをしたと喜んでいた。だが国の躍進とは別に、国内に目を向ければ、経済格差という大きな問題があったのだ。

## ●財閥の〝ドル買い大儲け事件〟とは？

昭和6（1931）年、国民の財閥に対する反発を象徴する事件が起きる。いわゆる〝ドル買い事件〟である。

ドル買い事件とは、次のようなものである。

当時、金輸出の再禁止などの問題も絡み、日本の円の価値は急速に下がっていた。金輸出解禁の時代は、100円＝49ドルでほぼ固定されていたが、金輸出が再禁止されるや円は暴落し、1年後には100円＝20ドルを切る事態となった。

円安が続いているときには、他国の通貨を買えば濡れ手に粟で大儲けをすることができる。特に、当時もっとも強い通貨であったドルを買っておけば、莫大な為替差益が入ってくるのである。そのため、円安を狙って、資金力のある財閥がドルを大量に買い込んだのだ。

この時、三井、三菱、住友の三銀行で約1億5000万円、他の財閥を合わせると全体で約4億円のドルが買われ、8000万円以上の儲けが出たとされる。昭和7（1932）年の国の一般会計歳出が27億円だったので、この金額がどれだけ大きいか分かるだろう。

もちろん、これを知った国民は大反発した。

当時、世界大恐慌の影響で、日本経済は混乱の極みにあった。物価の下落で農家は疲弊し、輸出の不振によって中小企業は軒並み倒産、街には失業者が大量に溢れていた。そんな中、財閥はその資金力にものをいわせて大儲けしていたのだ。

そもそも、ドルを買って利ざやを得るということは、日本から金が流出するということでもある。当時の国際取引において、為替の変動で生じた差額は、最終的に金で清算される仕組みだった。そのため、財閥が為替で儲ければ儲けるほど、逆に日本の金は海外に流出することになった。当時は金の保有高が国の財産の目安だった。つまり、財閥のドル買いで日本の国富はどんどん減じることになったのだ。

財閥と、有効な景気対策を打ち出すことができない政府に対する国民の怒りは、次第に大きなうねりとなっていく。そして国粋主義者や一部の軍部の中で、国民福利を考えず私利私欲を肥やす政治家や実業家に天誅を加えよう、とする動きが出てくるのだ。

## ●財閥に対する不満がテロに発展する

財閥に対する国民の反感は、だんだん過激な行動へとエスカレートしていった。

昭和6（1931）年11月には、労働組合系のデモ隊100名が「国民生活を蹂躙し、ドル買いに狂奔する奸悪の牙城を粉砕せよ」などと書かれたビラを配りながら、三井銀行に押しかけ、重役との面会を強要。警察との乱闘になり、26名が逮捕された。

そして昭和7（1932）年3月には、右翼団体「血盟団」により、三井財閥の総帥である団琢磨が暗殺された。右翼というと、現代では共産主義や、中国、韓国など諸外国に対する反発というイメージが強いが、戦前の右翼はむしろ反財閥の主張の方が強かったのである。

陸軍の若手将校たちがクーデターを起こした二・二六事件も、決起の理由のひとつは「財閥の打倒」だった。将校たちは蔵相など政府首脳を殺害した後、第二の目標として、三井財閥当主の三井高公、三井財閥の重役だった池田成彬、三菱財閥当主の岩崎小弥太らの名前を挙げていたのだ。

このような財閥への国民の不満の高まりを一気に吸収したのが、軍部だったといえる。

満州事変を契機とする中国大陸での軍部の暴走は、国民にとって日本経済の諸問題を一挙に解決してくれるような希望を抱かせたのだ。

# 4

【戦争は不況にあえぐ国民の希望の光だった】
# 景気回復の起爆剤だった満州事変

## ●戦争をすれば景気が良くなる

戦争は究極の景気対策である、と言われることがある。

たしかにそれは一理あるだろう。

戦争をすれば、多くの軍隊を動かすことになる。多くの軍隊が動けば、それだけ多額のお金が動く。軍事物資の需要も急激に伸びるため、関係業種の業績は上がり、雇用も一気に拡大する。戦争には、巨大な公共事業と同じような経済効果があるといえるのだ。

大日本帝国は、ある意味、この戦争という公共事業で成長した国だった。

明治27（1894）年の日清戦争では、武器の製造や紡績業といった軍需関連の特需が起こり、戦後で得た多額の賠償金もあって経済が大きく成長した。

明治37（1904）年の日露戦争では、賠償金を得ることができず、戦費が回収できなかったことや、新たに得た領土の管理費などがかさんだため、戦後は一時的に不況に陥った。

だが、重化学・重工業の分野が戦時中に大きく成長。その後、工業国として立つ礎となった。

大正3（1914）年の第一次世界大戦では、欧米各国が不在の中、アジア経済を独占。かつてない大戦景気に湧き、世界有数の工業国へと発展することになった。また、連合国側に加わったことで、大日本帝国の国際的な地位を向上させ、戦後に発足した国際連盟では常任理事国5ヵ国のひとつに加わった。

このように、大日本帝国の成長と戦争は切っても切れない関係にあった。

そのため、昭和6（1931）年に満州事変が勃発すると、不況にあえぐ国民の多くは熱狂的に歓迎した。これまで同様、国力が増強し、経済も大きく回復すると思ったからである。

だが、公共事業として見た場合の戦争は決して万能ではない。むしろ不確定な要素が多く、危険なものなのだ。

多くの兵士が戦場に駆り出されることで、国内の労働力が減少し、経済も停滞することになる。だが、それでも最終的に勝てば良い。最悪なのは、負けた場合である。戦争はたいがいの場合、公債という国の借金でまかなわれる。この公債は、昭和の戦争では国民がほとんど購入していた。戦争に負ければ、国民が買った公債は紙くず同然になってしまう。そうなれば、国の経済は壊滅的なダメージを負うことになるのだ。

満州事変当時の日本の国民も、そうしたことは十分承知していたはずである。

| 階　級 | | 武官（軍人） | 文官（軍人以外の官僚） |
|---|---|---|---|
| 大佐クラス | | 383円 | 375円 |
| 中佐 | | 300円 | 316円～341円 |
| 少佐 | | 216円 | 258円～283円 |
| 大尉 | 1等 | 175円 | 200円～225円 |
| | 2等 | 150円 | |
| | 3等 | 133円 | |
| 中尉 | 1等 | 100円 | 150円～166円 |
| | 2等 | 85円 | 100円～116円 |
| 少尉 | | 75円 | —— |

だが、軍部の暴走を止めようとする者は決して多くはなかった。なぜならば、当時の大日本帝国には、参戦した戦争にことごとく勝利を収めたという〝不敗神話〟があった。日本が負けるとは思えなかったのである。

## ●戦争が起きれば兵士も潤った

大日本帝国にとって、戦争は景気回復策として重要なものだった。しかも国民にとって戦争は直接的に生活の糧を得る手段でもあった。とくに貧しい農村の人々にとって、軍隊は貴重な働き口のひとつだったのだ。

現代ならば、仕事がないから自衛隊に入ろう、という人はそう多くはないだろう。

だが、戦前は就職先として軍隊を選ぶ者が少なくなかった。日本国民の中には、徴兵を嫌がるような者もいたが、自分から進んで軍に入隊しようという者もいたのだ。それだけ働き口が少なかったのである。

軍隊に入れば、とりあえず衣食住の保障があった。そのため、軍人は貧しい家の出の者が多かった。秀才でも上級学校に進めない貧乏な家庭の子供は、軍の士官学校や幼年学校を目指した。軍の学校に入れば、学費は無料の上、給料までもらえたからだ。

しかし、当時の軍人の給与は恵まれているとは言えなかった。

当時、軍隊のエリートは士官学校を出た者だった。士官学校といえば、帝国大学と同じか、それ以上の狭き門という最難関の学校である。だが、そんなエリートの給料も世間一般に比べれば、決して高くはなかった。

第二次大戦中、大本営の参謀を務めていた瀬島龍三によると、少尉時代の月給は60円ほどで、そこから食費やその他の雑費が引かれたため、手取りで30～40円程度にしかならなかったという。さらにそこから下宿代を支払っていたため、月末には銭湯代の5銭にも事欠くことがあったそうだ。

当時の軍隊の待遇を表す言葉に、「貧乏少尉、やりくり中尉、やっとこ大尉」というものがある。士官や准士官は、自身の軍服や拳銃、軍刀といったものを自腹で購入する決まりだった。そのため、中尉までは下宿住まいで、大尉になってようやく長屋を借りられるレ

| 階　級 | | 営内居住者 | 通勤者 |
|---|---|---|---|
| 曹長 | 一等級 | 39円 | 63円 |
| | 二等級 | 34.5円 | 60円 |
| | 三等級 | 30円 | 57円 |
| 軍曹 | 一等級 | 22.5円 | 51円 |
| | 二等級 | 18円 | 48円 |
| | 三等級 | 15円 | 45円 |
| | 四等級 | 13.5円 | 42円 |
| 伍長 | 一等級 | 10.5円 | 39円 |
| | 二等級 | 9円 | 37.5円 |
| 兵卒 | 上等兵一等 | 6.4円 | 34.5円 |
| | 上等兵二等 | 5.4円 | 33円 |
| | 一、二等兵 | 4.5円 | 32円 |

ベルだったとされている。

士官学校出のエリートではなく、一兵卒として軍隊に入った者はさらに悲惨だった。

昭和初期の兵卒の給料は、月給4・5円。これは同時期の丁稚奉公の報酬よりも少ない。軍隊にいる限りは、衣食住が保障されたとはいえ、それでも金に困って実家などから仕送りを受ける者もいたという。

退役した軍人には恩給という制度があったが、これも安かった。

退職した時の報酬を基準に決められるので、インフレが重なると生活はあっという間に苦しくなる。昭和2年に発行された『軍人優遇論』では、日露戦争で戦死した遺族の恩給がわずか50～60円に過ぎず、これでは国は滅びる、と書かれている。

だが、一度戦争が起これば、軍人の待遇は一変した。

戦地に赴けば、月給に加えて加俸と呼ばれる戦時手当が支給される。戦時手当は時期や階級によって異なったが、月給にその20％から60％程度が加算されるのが普通で、内地に残った家族に仕送りなどもできたという。

また、軍部としても戦争は歓迎すべきものだった。昭和初期の日本では、財政難で軍備は縮小傾向にあり、戦争が起これば、軍部に多額の予算が回ってくるからである。

昭和初期に軍部が暴走し、戦争を泥沼化させていったのは、軍人の低収入が大きな要因ではなかったかという説もある。昭和初期の戦争が、すべてそこに原因があるわけではないだろうが、一因であった可能性はあるだろう。

# 5

## 【1000万人の圧力にメディアが屈した!?】
# 戦争を煽った大手新聞たち

### ●大手新聞の戦争責任

大日本帝国の戦争責任というと、槍玉にあげられるのは軍部である。

だが、忘れてはならないのが当時の新聞の存在だ。

大日本帝国時代の新聞は、戦争を煽るような報道を行っていた。言論統制によってそうせざるを得なかったから、ではない。言論統制が敷かれる前から、好戦的な記事を書きまくってきたのである。

戦前の新聞というのは、現在よりもずっと世論に対する影響が大きかった。当時はまだテレビの放送は始まっておらず、ラジオも普及率が50％以下だった。国民のほとんどは、社会の情報を新聞から得ていたからである。

日本の新聞の発祥は、明治3年の横浜毎日新聞だとされている。その後、新聞は急激に発行部数を伸ばしていく。明治31年には大阪朝日新聞が10万部に到達。萬朝報は9万部、大阪毎日新聞が8万部、東京朝日新聞が4万部となった。

その後、新聞は日露戦争と第一次大戦を境に、さらに部数を激増させていく。日露戦争では各紙が特派員を戦地に派遣し、通信のための船をチャーターするなど、取材競争が激化した。

また「新聞の号外」が世間に認知されるようになったのも、日露戦争の頃である。各紙が号外を濫発し、朝日新聞などは1日に5度も号外を発行したことがあった。

また、戦争中は各新聞社がこぞって戦捷会なるものを開催した。これは一種のお祭りで、日本軍が戦いに勝つたびに、日比谷公園から皇居まで提灯行列を行うのである。東京では日露戦争中に、58万6000人もの人々が行列に参加したという。

だが、日露戦争の終結と同時に、新聞を揺るがす事件が起こる。

日露戦争では、賠償金がない講和条約が結ばれた。そのことに反発した国民の一部が暴徒化、日比谷公園などで焼き討ちが行われた。大手新聞はそうした状況に「講和反対」を掲げ、戦争の継続を要求した。そんな中、大手新聞の一紙である國民新聞が「講和歓迎」の論説をはる。すると暴徒は国民新聞を襲撃、社員に負傷者が出るなどの被害を受けることになったのだ。

講和反対を訴えた大手新聞には、政府から発行停止などの処分が下された。だが、それが却って国民の支持を得て、部数を飛躍的に増加させた。

この事件は新聞の経営に大きな影響を与えることになる。

「威勢のいい好戦的な記事を書けば、新聞が売れる」

| | 日露戦争前（1903年） | 日露戦争後（1907年） |
|---|---|---|
| 報知新聞（現在の読売新聞） | 8.3万部 | 30万部 |
| 東京朝日新聞（現在の朝日新聞） | 7.4万部 | 20万部 |
| 大阪朝日新聞（現在の朝日新聞） | 10.4万部 | 30万部 |
| 大阪毎日新聞（現在の毎日新聞） | 9.2万部 | 27万部 |

この一件で味をしめた新聞各紙は、その後、満州事変から太平洋戦争まで好戦的な記事を書き続けるようになる。満州事変の直後、国民の間で「慰問袋」や軍部への献金運動がブームとなったが、それを扇動したのも新聞だった。

先ほど述べたように、当時の新聞には国民世論に対する大きな影響力があった。それを考えると、新聞各紙にも日本を泥沼の戦争に陥れた責任の一端があるといえるだろう。

## ●在郷軍人会に屈した朝日新聞

売上を伸ばすために好戦的な報道をした新聞だったが、両手を挙げて軍に賛同していたわけではなく、時には軍に批判的な記事を書くこともあった。

しかし、ある事件を境に、新聞は一切、軍の悪口を書かなくなった。政府や軍によって報道規制がされたからではない。新聞社が自発的に書かなくなったのだ。

その事件とは、朝日新聞の不買運動である。

満州事変が起こった頃、朝日新聞は軍に対して批判的な記事を書くことが多かった。

たとえば、東京朝日新聞は昭和6（1931）年8月5日、「満州問題が軍人の横車に引きずられて行くを許さぬ」と書いている。同月8日には、大阪朝日新聞が「軍部が政治や外交に嘴を容れ、これを動かさんとするは、まるで征夷大将軍の勢力を今日において得んとするものではないか」という記事を載せた。

当時、満州では日本と中国が激しく対立しており、一触即発の状態にあった。朝日新聞はそこで軍部が独走し、暴発しないよう牽制の意味を込めて載せたのだろう。

だが、そうした記事を載せたことで朝日新聞は大変な目に遭うことになる。軍の支持者によって、各地で不買運動が起こったのだ。

まず最初に動いたのは、満州にいる日本人の団体「満州青年連盟」だった。中国による反日運動に苦しんでいた連盟は、朝日新聞の不買を開始。すると運動は内地にも飛び火し、香川県の善通寺などの軍都を中心に西日本で拡大していくことになった。

なぜ、それほど不買運動が広まったのか。

理由は朝日新聞の記事が、「在郷軍人会」の怒りを買ったからである。

在郷軍人会とは戦前の日本に存在した団体で、おもに現役を離れた軍人らによって組織されていた。昭和6年頃、在郷軍人会には全国で約260万人の会員がいた。それに現役兵やその家族を加えると、軍に関係する者は1000万人を超える。当時の日本の人口は、約7000万人だったため、朝日新聞は最大で総人口の7分の1を敵に回すことになったのだ。

朝日新聞は当時、毎日新聞との間で激しい部数争いをしていた。そのため、朝日の不買運動が起こった地域には、即座に毎日新聞が部数獲得に乗り込んできた。それを見た朝日は、軍と〝手打ち〟する覚悟を決める。そして同年10月、重役会で「満州事変を支持する」という決定がなされると、以降、軍を批判する記事は一切載せなくなった。

朝日と軍の間で、どのようなやり取りがあったのか。今となっては詳しいことは分からない。朝日は以前から反軍的な記事を書いており、不買運動がそれほど購読者の減少にはつながっていなかったともみられる。大阪朝日の販売部長なども、この時、記者たちに「販売部数のことは心配するな」と言っていたのだ。

だが、いずれにせよ朝日に対する不買運動は終了した。重役会が行われたのと同じ10月、朝日が後援する講演会が行われた。テーマは「満州問題について」、主催は不買運動の発端となった「満州青年連盟」だった。

もし朝日新聞が不買運動に屈しなければ、戦前の報道機関はあそこまで軍一色にならなかったのではないか。世論というのは、様々な主義主張や意見があって、はじめて健全に形成される。朝日新聞の転向が、戦前の日本の世論形成に大きな影響を与えたことは間違いないだろう。

# 6

【不毛な政争が招いた「軍の統帥権問題」】

# 軍部の台頭を許した二大政党

## ●太平洋戦争の最大の戦争責任は〝政党〟にある

太平洋戦争の戦争責任は、長年の間、軍部にあると言われてきた。

軍部の暴走によって政治が振り回され、正常な判断を欠いた日本は泥沼の戦争に突き進んでいったのだ、と。

だが、この解釈には少々違和感がある。

そもそも軍部というのは、国家にとって非常に危険な存在だ。人類の歴史を振り返ってみれば、軍部によるクーデター、あるいは軍部主導の戦争というのは繰り返し起こっている。軍部が危険だということは、初めから分かっていたことなのだ。

だからこそ、近代国家では「シビリアン・コントロール」が重視される。軍人が軍を支配すればいつか大きな問題が起こる。そうさせないために、軍人以外の文民が軍をコントロールする仕組みを作らなければならないのだ。

大日本帝国でも、当初はこの原則の下、政府による軍のコントロールが行われていた。その原則が崩れたのは、満州事変からである。

きっかけは当時の政党政治だった。

普通選挙が実施されるようになった昭和初期、大日本帝国の政局は2つの政党が握っていた。立憲政友会と立憲民政党である。

昭和初期の日本の政権は、紆余曲折を経て、両党が交代で担うようになった。いわゆる二大政党制である。一般的に言って、二大政党制には、国民にとって「政策論争が分かりやすく、国政に参加しやすい」「政権交代が起こりやすいため、長期政権にありがちな政治腐敗を防げる」といったメリットがあるとされている。だが、当時の二大政党制は国民にほとんどメリットをもたらさなかった。むしろ、両陣営は足の引っ張り合いに終始し、政治が大混乱に陥った。その中で二大政党はある大失態を犯す。

それが軍の統帥権問題である。

## ●統帥権問題とは何か？

軍の統帥権問題とはいったい何なのか。まずそのことを説明しておこう。

統帥権とは簡単に言えば、軍を統率する権限である。

大日本帝国憲法では、陸海軍は、政府ではなく、天皇の直属機関と定められていた。これがいわゆる「天皇の統帥権」である。

後に軍部が拡大解釈して、その暴走を許す要因となった統帥権だが、もともとは軍部の暴走を抑えるために設けられたものだった。

大日本帝国憲法の作成責任者であった伊藤博文には、ある懸念材料があった。それは明治11（1878）年に起こった竹橋事件である。

竹橋事件というのは、西南戦争の論功行賞などに不満を抱いた近衛部隊の兵卒による叛乱で、兵卒らは士官を殺害、さらに大隈重信の公邸を襲撃し、赤坂の仮皇居に進軍したという事件だった。近衛部隊といえば、天皇直属の兵士である。それが叛乱を起こしたのだ。叛乱はすぐに鎮圧されたが、明治政府は大きな衝撃を受けた。

当時は、自由民権運動が花ざかりで国会の開設は避けられないところにきていた。伊藤博文ら政権の高官は、はっきりいって自由民権運動をまったく信用していなかった。国会を開設すれば、有象無象の輩が政治に加わることになる。そうなれば、政治は混乱し、国の統制が効かなくなるのではないか、そう考えていたのだ。中でも恐れたのが、軍の扱いだった。竹橋事件で思い知らされたように、軍はきっかけがあれば叛乱を起こす可能性がある。もし、自由民権の運動家たちが政権を握ったら、彼らが自由に軍を動かし、竹橋事件以上のとんでもない事態になるおそれがある。伊藤らは国会の開設の前に、軍の扱いを何とかしたかったのである。

そこで編み出されたのが、大日本帝国憲法における「天皇の統帥権」だった。

先に述べたように、大日本帝国憲法では、軍は政府が管理するのではなく、天皇直属の機関だとされていた。政府と軍を切り離せば、伊藤博文たちの目の黒い間は、政府と軍の暴走を防ぐことができる。それが「天皇の統帥権」だったのだ。

軍は表向き、天皇直属の機関ということになっていたが、実際にコントロールしていたのは政府だった。それが問題になることもほとんどなかった。天皇の統帥権がクローズアップされるようになったのは、昭和に入り、二大政党が泥沼の政争を始めてからである。

## ●統帥権を悪用したのは政党だった

統帥権問題が持ち出されるようになったきっかけは、昭和５（１９３０）年のロンドン海軍軍縮会議だった。会議に参加したのは、日本、アメリカ、イギリス、フランス、イタリアの五ヵ国で、軍縮のために海軍の保有艦の数を制限することなどが話し合われた。参加五ヵ国は会議に合意し、ロンドン海軍軍縮条約が結ばれることになった。

この条約を締結したとき、政権与党は立憲民政党だった。

当時、野党の立場だった立憲政友会は政府に少しでもつけ入る隙があれば徹底的に糾弾するという姿勢だった。この軍縮条約もまた政争の道具に使われることになる。会議後に開かれた議会で立憲政友会の総裁、犬養毅などが「政府が勝手に軍縮条約を締結したのは、統帥権の干犯である」などと批判をぶちあげたのである。

ロンドン海軍軍縮会議で演説する日本の若槻全権大使

犬養たちの論法は、「日本の陸海軍は天皇直属のものであり、政府が勝手に軍縮を決めるのはおかしい」ということだった。立憲政友会としては、とくに深慮遠謀があったわけではない。ただ野党の習性として、隙を見つけたので政府を攻撃したというだけの話だった。

だが、これが非常にまずかった。

軍部がこの統帥権問題に飛びついたのである。軍縮政策により予算が削られていた軍部は、ここぞとばかりに「統帥権問題」を取り上げた。ロンドン軍縮条約は、結果的に世論の後押しもあり調印にこぎつけた。だが、それ以降、政府は軍部に干渉することが難しくなった。だが、軍部は政府が干渉するたびに「統帥権の干犯」だとしてそれを退けたからである。

立憲政友会の発言は、政党政治にとって自殺行為ともいえるものだった。本来、軍部をコントロールしなければならない政治家が、「軍を犯すべからず」と言ったも同じだからである。

これが非常に危険であることは当時の人々も理解していた。たとえば、東京朝日新聞では、「醜態さらした政友会は正道に還れ」というタイトルの記事（昭和5年9月18日）で、政友会が自ら政党政治の首を絞めたことを激しく非難している。

だが、一度、動き出した軍部を止めることはできなかった。大日本帝国のシビリアン・コントロールは崩壊し、やがて政治そのものも軍部の手に握られていくことになったのだ。

# 7 大日本帝国の金権選挙と政治腐敗

【財閥とズブズブの関係にあった政治家たち】

## ●世界最先端の民主国家だった大日本帝国

第二次世界大戦は、「民主主義とファシズムの戦い」などと言われることがある。

しかし、それは後世の歴史家が、後付けで言っていることである。

大日本帝国の政治システムを語る上で忘れてはならないのは、「大日本帝国は当時、最先端の民主主義国家だった」ということである。

民主主義の定義は様々だが、具体的な制度として挙げられるのが「普通選挙」であろう。

普通選挙とは財産や身分などで差別することなく、一定の年齢に達した者に投票権が与えられる選挙をいう。人類の歴史の中で、普通選挙が実施されるようになったのは比較的最近のことである。民主主義の先端を行くイメージがある欧米の先進国でも、普通選挙が実施されたのは19世紀の中盤以降だった。

それを見た場合、大日本帝国は決して非民主主義国家ではない。

■ 男子普通選挙と完全普通選挙の実施年

| 国名 | 男子普通選挙の実施年 | 完全普通選挙の実施年 |
|---|---|---|
| フランス | 1848 年 | 1945 年 |
| ドイツ | 1867 年 | 1919 年 |
| アメリカ | 1869 年 | 1920 年 |
| イギリス | 1918 年 | 1928 年 |
| 日本 | 1925 年 | 1945 年 |

日本で選挙が始まったのは、明治22年。翌年の帝国議会開設に伴い、衆議院議員選挙が行われたのだ。

この時の選挙資格は、満25歳以上の男子で、納税額が15円以上の者だった。当時、15円も納税するのはほんの一握りの金持ちに限られた。そのため、選挙に参加できたのは、国民のわずか1％にすぎなかった。

だがその後、選挙権の条件は徐々に緩和されていく。明治33年には納税額の条件が10円以上に引き下げられ、国民の2％が選挙に参加できるようになった。大正8年には条件が「3円以上の納税」とさらに下げられ、大正14（1925）年にはついに納税額の要件が撤廃。25歳以上のすべての男子に選挙権が与えられることになった。イギリスから遅れること7年、日本でも普通選挙が始まったのだ。

日本では、女性の参政権についても議論がなされており、昭和5（1930）年には衆議院で一度可決していた。だが、法案は「女性に選挙権を与えるのは、日本の家族制度になじまない」として貴族院に否決されて廃案になっていた。実現には至らなかったが、日本の完全自由選挙はあと一歩のところまで行っていたのである。

つまり、民主主義の定義から言えば、大日本帝国は世界でも最先端の民主国家だった、と言える。「大日本帝国は非民主国家だったから崩壊した」というのは誤った解釈なのだ。

では、なぜそうした先端的な民主国家が迷走することになったのか。

大日本帝国の政治システムの欠陥は、民主的か、非民主的かなどという単純な問題ではない。民族性に関わるもっと根源的な問題なのである。

## ●普通選挙という買収選挙

世界でもいち早く、普通選挙を取り入れた大日本帝国。

では、その普通選挙は政治にどのような影響を与えたのだろうか。

ここに興味深い材料がある。選挙権が拡大されるとともに買収が異常な勢いで増加していったのだ。つまり〝民主選挙〟は〝買収選挙〟だったのである。

戦前の日本の政治には、常に選挙の不正がつきまとっていた。

第一回の国政選挙では、早くも選挙違反で286名が摘発、以降も買収は一向になくならなかった。選挙開始当初の買収金額の相場は、20銭から3円くらいまでで、現代の貨幣価値にすれば数千円から2万円程度だった。

明治31年には『選挙弊害論』という本が出版され、当時の選挙違反が紹介されている。買収は当時の人たちからみても、「いけないこと」だという認識はあったらしく、ただ現金を渡されるのではなく、「車代」、「旅費」などの名目で支給されることもあった。また選挙事務所に行けば、ただで飲み食いができるという「饗応」も広く行われていた。

買収票のとりまとめは、県議会議員、市町村議会議員などを通して行われることが多くなり、その地域の票のとりまとめをする選挙ブローカーも出てきた。彼らの仕事は、一定の票数を集める代わりに、候補者に金を出させるというもので、現在の選挙でもそうした職業の者が暗躍することが多いといわれている。

有権者の人数に応じて選挙違反の割合を出した場合、大正6年の第13回国政選挙がピークになっている。ちょうど大正デモクラシーが起きた当時である。大正デモクラシーというのは、選挙違反に対する反発から生じたものでもあったのだ。

## ●「理想選挙」の現実

このような買収選挙に対して当然、批判も巻き起こった。その結果、大正時代から昭和初期にかけて猛烈な「政治浄化運動」が吹き荒れることになった。

「金をばら撒くのではなく、各候補が政策を訴え、それを有権者に判断してもらう」まるで現代でも聞いたことがあるような内容だが、戦前の世論でもそうした選挙を求める声があった。そうした選挙は「理想選挙」と呼ばれ、選挙のあるべき姿とされたのだ。

この政治浄化運動には、女性も大きな役割を果たした。女性の政治集会への参加は治安警察法で禁止されていた。だが、1922年にそれが解除されると、女性たちは選挙権がないにも関わらず、選挙違反撲滅、選挙粛正運動の猛烈な推進役となったのだ。

その結果、買収を行わない「理想選挙」は理想だけに終わらず、一部では実行されたこともある。とくに都市部の選挙区では普通選挙の実施で有権者が増加し、地縁血縁も希薄化してきたため、買収で選挙に勝つのは難しくなった。そのため、演説や集会などで、政策を訴えて支持を集めるという選挙が行われるようになったのだ。

このスタイルの選挙を最初に行ったのは、かの大隈重信だったとされている。

昭和３年、男子普通選挙が施行された最初の衆議院議員選挙の様子（『週刊20世紀　64号』朝日新聞社より）

大正4年の第12回衆議院議員選挙で、

首相だった大隈は各候補者に推薦状を発行、応援のために全国を遊説して回り、自分の演説をレコードに吹き込み、各地に配布したりもした。大隈は「理想選挙」の実践者とされ、マスコミからもてはやされることになった。

だが、理想選挙だからといって「政治と金」の問題が解決したわけではなかった。むしろ、「政治と金」の問題は大きくなってしまったのだ。

理想選挙をする場合は、遊説のための旅費や演説会の会場費、ポスター代、通信費など莫大な費用がかかった。

大分県の木下謙次郎という候補者の談話によれば、「理想選挙は金がかかる割には得票数が読めないので、いくらでも金を使ってしまう。が、買収選挙はかけた費用と得票数がわかりやすいので、かえって安上がりになる」とある。

普通選挙が実施され、有権者が爆発的に増加すると選挙費用も一気に跳ね上がった。普通選挙実施前まで、選挙の費用は平均3万円ぐらいだったが、普通選挙施行後の昭和3年には一挙に5万円に、そして昭和7年の選挙では7万円にもなったという。当時の7万円は、現在の価値に直すと1億円ほどになる。

こうした高額の選挙費は一般人ではまかない切れない。そのため、立候補者は必然的に資産家か、もしくは政党の支援を受けられる者になった。

政党は、候補者の選挙費を支援するために公認料というものを設けていた。これは現在の政党の公認料と同じもので、政党が選挙費として公認する候補者に一定の資金を渡す、というものだ。この政党公認料も大隈重信が最初とされ、当初は1人あたり5000円が渡された。昭和7年の選挙の際には、政友会の軍資金が500万円、民生党の軍資金が300万円で、それが全国300人近くの候補者にそれぞれ分配されたという。

また、その他では有力な政治家がポケットマネーから子飼いの候補者に軍資金を渡す、ということも始められていた。もちろん、有力政治家と子飼いの候補者の間には従属関係が生まれ、派閥が形成される。現在の派閥政治の構造は、すでに昭和初期にもあったのだ。

## ●財閥と結びつく政党

ここで気になるのが、政党や政治家はどうやって政治資金を集めたのか、ということである。さきほど紹介した昭和7年の政党の軍資金は、政友会が500万円だった。これは現在の価値に直せばおよそ70億円ということになる。その巨額の費用をどこから調達したのか。

答えは簡単である。党や有力候補者は、自分の親しい企業や資産家から援助を受けていたのだ。これは「理想選挙」の元祖とされる大隈重信も例外ではない。というよりも、党で金を集めて党員にバラ撒くという方法は、彼が始めたものである。大隈の背後には、三菱などの有力財閥がついていた。そこから遊説の資金や政党の公認料などの資金を捻出していたのだ。

そうなれば、当然、政党と財閥の結びつきが強くなる。

立憲政友会には三井財閥が、立憲民政党には三菱がつき、スポンサーのようになっていた。さらに、安田、古河、住友などもそれぞれ政党に資金を提供していた。皮肉にも理想選挙が、政治家と財閥の関係を強めることになったのだ。

もちろん、国民はそれに大反発した。大正デモクラシーから昭和初期まで、政党と財閥の関係を糾弾することが世論の流れになっていく。五・一五事件や二・二六事件の首謀者たちも、「政党政治の腐敗」を行動根拠に挙げていた。国民世論が彼らに同情的だったのは、それが要因のひとつでもある。

「政治と金」の問題は、現代でも相変わらず社会の懸案事項のひとつになっている。

政党と財界が結びついているという構図も、戦前と現代は瓜二つだといえる。現代日本の政治システムは、戦前からの課題をまだ克服していないといえるのだ。

# 8

## 【責任者不在の政治が日本を破滅に追い込んだ】
# 失敗だった大日本帝国の政治システム

### ●権力が分散し過ぎた大日本帝国

優れた政治システムを作ることは、強い軍事力を持つよりも難しい。強力な軍事力が欲しいなら、最新の武器を配備して、兵士を訓練させればよい。だが、優れた政治のシステムを構築するには「政治に適した人材を公正に選び出す」ことが達成されなければならない。これには「こうすればよい」という明確な答えはない。世界中の国々は、このシステムを作るために試行錯誤を続けてきたのである。

大日本帝国は、そのシステム作りに失敗した国だった。

最大の欠陥は「誰が責任者か分からない」ということである。

現代人の中には、大日本帝国は独裁国家だったと思っている人もいるようだが、それはまったく逆である。大日本帝国は独裁どころか、誰も強力なリーダーシップを取ることができない政治体制になっていた。権力がおそろしいまでに分散されていたのである。

■ 大日本帝国の帝国議会における権力分散構造

| | |
|---|---|
| 衆議院 | 国民から選出される民選議院。任期は４年、予算の先議権があった。 |
| 貴族院 | 帝国議会の一院。衆議院と同格。皇族や華族、有識者、多額納税者などで構成。国民の選挙を経ずに選ばれた。1947 年に廃止。 |
| 枢密院 | 天皇の最高諮問機関。憲法の番人と呼ばれるなど、国政に強い発言権があった。1947 年に廃止。 |
| 元　老 | 政府の最高首脳。伊藤博文、山県有朋など明治の元勲が就いた。憲法に規定されない機関で、国の意思決定を左右するほどの権限があった。1940 年、最後の元老、西園寺公望の死去にともない廃止。 |
| 陸海軍 | 陸軍は陸軍省の長である陸軍大臣を、海軍は海軍省の長である海軍大臣をそれぞれ選出。そのため、内閣に対して強い発言権があった。 |

具体的にどういう形で権力が分散されていたのか、ご説明しよう。

大日本帝国の議会は、衆議院と貴族院という2つの議院で構成されていた。だが、議会の外部には枢密院という機関があり、これも国政に発言力を持っていた。そしてその上に元老という機関があった。元老は首相を推挙する権限があり、権力の構造上はもっとも上位に位置していた。

これだけでも十分に複雑であるが、さらにここに軍が加わってくるからややこしい。

陸軍や海軍はそれぞれ、内閣の構成員である「陸軍大臣」、「海軍大臣」を出すことになっていた。そのため、議会に対して強い発言権を持っていた。当時は、現役武官制という制度があり、陸軍大臣や海軍大臣には現役の軍人しかなれないことになっていた。そのため、軍が内閣に不満を持てば、あえて大臣を出さず、内閣を潰すといったことができたのである。

このように、大日本帝国の政治機構には、２つの議院、枢密院、元老院、陸海軍と発言権を有する多くの機関が乱立していた。こういうシステムで政治を行えば、あちこちからうるさく口出しされる割に、最終的な責任が誰にあるのか分からないということになる。この責任者不在の構造が、大日本帝国の舵取りが失敗した原因なのだ。

## ●首相が毎年のように交代する…現代とそっくりの政治システム

昭和初期、日本はかつてない政治的な難局を迎えていた。世界大恐慌、満州事変、国際連盟脱退、日米関係の悪化など、国難の危機が怒涛の如く押し寄せる。

その難しい局面で政治家は何をしていたのかというと、実は何もしていなかった。軍部を抑えることもせず、国際的な信用を取り戻すことも、日米関係を修復することもしていないのである。だから、日本はどんどんドツボにはまり、世界の国々と戦争する羽目になったのだ。

なぜ、そんなことになってしまったのか。

原因はすでに述べたように、責任を持って決断できるポストがなかったからである。

「大日本帝国にも総理大臣がいたじゃないか」

と思う人もいるかもしれない。たしかに大日本帝国にも総理大臣がいた。だが、その総理大臣こそ、権力分散の弊害が如実に表れているポストだったのだ。

普通、近代国家における首相（総理大臣）というと、その国の内閣の長であり、その国の政治の責任者である。国の政策の最終的な決断は首相がするものだからだ。

しかし、大日本帝国の首相は、権力も立場も非常に脆弱だった。当時の首相がいかに脆弱だったのか、その詳細を説明しよう。

大日本帝国憲法には、実は総理大臣の規定はない。憲法上、総理大臣は天皇を輔弼する国務大臣のうちの1人にすぎないのである。

現在では総理大臣は内閣の長であり、他の国務大臣を罷免する権利がある。だが、大日本帝国の総理大臣は、基本的に他の国務大臣と同格であるため、罷免する権利がない。そのため、総理大臣と他の大臣との間で意見の不一致があった場合は、内閣は総辞職するほか方法がなかった。

そもそも総理大臣の身分は非常に曖昧だった。

慣例で、総理大臣は元老や重臣が推挙した者を天皇が任命することになっていたが、推

■ 大日本帝国と現代日本における内閣総理大臣の違い

| | 大日本帝国 | 現在の日本 |
|---|---|---|
| 決め方 | 元老や重臣が天皇に推挙し、天皇が任命 | 国会で指名し、天皇が任命 |
| 資　格 | 衆議院で最高の議席数を獲得した政党の総裁、軍人など政治情勢によって異なる | 衆議院で過半数を獲得した政党の総裁（事実上） |
| 権　限 | 国務大臣の長に過ぎず、国務大臣を任命、罷免する権利はない | 内閣の最高責任者で、国務大臣を指名する権限を持っている |
| 辞　任 | 何か失敗をしたとき、衆議院選挙で負けたとき | 衆議院選挙で負けたとき、内閣不信任決議案が採択されたとき |

挙に明確な基準があったわけではなかった。任期や辞め方も規定されておらず、政治的な失敗を犯すと責任をとって辞める、ということになっていた。そのため、些細な事柄を議会で追及され、辞めてしまうという例が頻発した。

大日本帝国で、総理大臣を3年以上続けたケースというのは、実にたったの4度しかない。その他はすべて1、2年で交代しているのだ。しかも、3年以上続いた首相は、日清戦争、日露戦争、第一次世界大戦、太平洋戦争という戦争期の首相である。戦争期に総理大臣が頻繁に代わるのはよろしくない、ということで首相交代が避けられただけだったのだ。

このように頻繁に首相が変わっては「腰の

据わった政治」、「責任のある外交」などできるはずがない。首相が1、2年で交代するならば諸外国も日本の首相を信用するわけがないのだ。だが現代の我々は、この大日本帝国の政治システムを笑うことはできない。高度成長期以降の日本では、首相の任期は極端に短くなっている。1970年代以降、総理大臣を3年以上続けた者は、中曽根康弘と小泉純一郎の2人しかいない。これは、世界的に見ても異常なことである。他の先進国を見てみれば、首相や大統領は短くて4年、長ければ10年以上は続けるものだ。ここまで頻繁に首相が代わるのは、日本だけである。

首相が短期間で交代してしまう政治システムは、現代日本にとっても、早く解決すべき課題だといえる。

# 9 なぜ天皇は神格化されたのか?

【大日本帝国の国民は〝神民〟と呼ばれた】

## ●なぜ天皇は神格化されたか?

大日本帝国を語る時、どうしても避けて通れないのが、天皇制の問題である。

大日本帝国憲法では、「主権は天皇にあり」とされていた。つまり、天皇が国の主人であり、国民はその従者に過ぎないということである。

また天皇は現人神とされ、国民の信仰の対象でもあった。天皇を侮蔑する言葉を吐いたり、文章を書いたりすれば「不敬罪」として、罪に問われることにさえなったのである。

戦前の天皇制にまつわる話では、今では考えられないようなものも多数ある。

たとえば、戦前の小学校には、御真影(天皇の写真)が飾ってある奉安殿という施設があったのだが、御真影に何かあれば、校長は責任を問われることになった。実際、奉安殿が焼けてしまったばかりに自殺した校長もいるし、火災の際に御真影を守ろうとして焼死した校長もいたのである。

また昭和9年には、天皇が桐生に行幸した際、先導した警察官が道を間違えたために、大問題となり、当該警部が自殺を試みたという事件も起こっている。

天皇の神格化は、学校や警察に限ったことではない。作家向田邦子のエッセイ『父の詫び状』の中には、父親が古新聞を使う時には御真影が載っていないかどうかチェックしていたと書かれている。戦前の日本人の生活全般において天皇は重大な存在だったのである。

では、なぜ天皇は神格化されることになったのか？

そもそもの始まりは、明治維新にあった。

徳川幕府を倒した明治の新政府は、新しい国家をつくるにあたってひとつの難問を抱えていた。それは「どうやって国民をまとめるか」ということである。

徳川幕府は250年以上も続いた超長期政権だった。そのため、「徳川の時代が終わり、明治になった」といっても、そう簡単に国民は納得しない。実際、明治維新の直後には「江戸時代の体制に戻してくれ」という一揆も起こっていた。

国民に明治新政権の権威を認めさせるためには、徳川幕府の存在を打ち消さなければならない。その際、明治新政府は天皇の存在を最大限に利用したのだ。政府は教育勅語などを通じて、天皇の偉大さを国民に知らしめた。天皇が国の正統な統治者であることを周知し、天皇を中心とした明治国家こそ、日本のあるべき姿だということを印象づけた。

## ●キリスト教の代わりに天皇制を

明治政府が天皇制を敷いたのには、もうひとつ狙いがあった。

それは、欧米諸国における「キリスト教」のような存在を作ろうとしたのである。

明治政府は、欧米を手本にして新しい国を作ろうとしていた。だが、日本と欧米の国々を比べてみると、根本的な違いがあることが分かった。それは「キリスト教」の存在である。

欧米諸国の多くは、キリスト教が国家の礎となり、また、国民生活のベースとなっていた。欧米諸国が国家としてまとまりを持つのは、このキリスト教に要因があるのではないか、と明治の高官は分析したのだ。

しかし、だからといっていきなりキリスト教を広めても国が混乱するだけである。そこで明治の高官たちはキリスト教に代わる思想を作ろうと考えた。それが天皇制だったのだ。

日本には万世一系の天皇がいる。その権威は日本人の多くが知るところである。

「この天皇を中心にした国家思想を作れば、キリスト教国家のように国民が団結するのではないか」

明治の高官たちはそう考えた。そのため、大日本帝国憲法では天皇は国の主権者となり、崇拝の対象とされることになったのだ。

大日本帝国憲法の作成責任者である伊藤博文は、次のような言葉を残している。

「欧米には宗教（キリスト教）なるものがあり、これが基軸となって国民の心がひとつにまとまっている」

「日本にも仏教があるが、昔ほどの隆盛はなく人心のよりどころになっていない。神道も同様である。唯一、皇室だけが人心のよりどころとなっている」

「だから憲法草案においては、君権を基軸に据えている」

## ●天皇の極端な神格化は昭和に入ってから

そのようにして大日本帝国の中心となった天皇だったが、当初はそれほど神格化されていたわけではなかった。極端な神格化がはじまるのは昭和に入ってのことである。

それを象徴するのが、昭和10（1935）年に起こった「天皇機関説事件」である。

天皇機関説事件とは、法学者で貴族院議員だった美濃部達吉が自身の学説「天皇機関説」を巡って、国会で追及を受けた事件である。

「天皇機関説」とは簡単に言えば、「統治権は国家に属しており、国の最高機関である天皇が政府の輔弼を受けて行使する」という内容で、それまではごくまっとうな学説のひとつとされていた。

ところが、昭和10年になって突然「天皇を一機関とするのは不敬である、叛逆である」などと痛烈に批判されるようになったのである。

原因はその頃の政治の混乱にある。

昭和初期、世界恐慌などの影響で大不況に陥ると、国内では「昭和維新運動」が活発化するようになった。この運動は「明治維新の精神に立ち返り、天皇中心の国家をつくろう」というもので、その過程で「天皇は絶対的な存在で、誰の輔弼を受けなくても統治権を行使できる」という「天皇絶対論」が勃興する。

昭和６年、全国の国公私立学校に新しい御真影が下賜された。写真は下賜された御真影を掲げ持つ校長。

この天皇絶対論は、美濃部が提唱した「天皇機関説」の逆を行く思想だった。これに飛びついたのが、立憲政友会や軍部、右翼の諸団体だった。

当時の議会には、天皇機関説を支持する議員が多くいた。彼らを不敬である、と攻撃し、失職に追い込むことができれば、立憲政友会や軍部などが政治の実権を握ることができる。要は天皇の権威を政争に利用したのだ。

結局、争いは天皇絶対論の勝利に終わる。同年、政友会や軍部の圧力に屈した政府は、「国体明徴声明」を出し、天皇機関説を否定。天皇は機関ではなく、国の中心であることを宣言した。2年後には文部省が『国体の本義』という小冊子を発行し、「大日本帝国は、万世一系の天皇が永遠に統治するものである」と改めて定義した。

日本が泥沼の戦争に突入していく中、天皇の権威はさらに利用されることになった。その代表的なものが、「教育勅語」である。

教育勅語とは、明治23年に下賜された政府の教育方針に関する天皇の勅語である。これは、「親孝行をしよう」「友達を大切にしよう」などといった日本の伝統的な道徳観をまとめたもので、天皇自らも国民の規範となるように努力をする、といった内容になっていた。

しかし、この教育勅語はその後、国民を統制するための道具として利用されるようになる。

治安維持法が施行された1925年以降になると、各学校では教育勅語を御真影とともに奉安殿で厳重に保管することになった。教育勅語は学校の授業でも大きく扱われ、生徒は暗唱できるようになるまで覚えさせられた。戦争が激化し、国家総動員法が施行されると、教育勅語はそれを正当化するための方便としても使われた。本来、教育の規範だったはずの教育勅語はやがて軍国主義の経典のようになったのである。

では、天皇陛下は、自身がそのように神格化されていくことをどう考えていたのだろうか。

実は、昭和天皇は自身の神格化を快く思っていなかったとされている。天皇機関説が問題となった頃、昭和天皇は鈴木侍従長に次のように語ったという。

「美濃部のは少し行き過ぎたところがあるかもしれないけど、決して悪いとは思はん」

侍従武官長を務めた陸軍大将の本庄繁の日記には、政府が「国体明徴声明」を出した際、天皇は「安心ができない」として軍部に不快感を露わにしたという記述もある。

また、昭和天皇は、昭和維新運動にも強い反発を持っていたことで知られている。

二・二六事件の首謀者である陸軍の若手士官らは「尊王討奸」を掲げており、自分たちを「尊皇の志士」だと思っていた。だが、昭和天皇は彼らをあくまで叛乱軍としか見なかった。陸軍の幹部が鎮圧を躊躇すると「君たちが鎮圧しないならば、自分が近衛兵を率いて鎮圧に向かう」とまで言ったのである。

戦後、教育勅語はＧＨＱによって廃止させられた。現在、教育勅語を公の場で聞くことはまずなくなっている。

# 第六章

# 大日本帝国はなぜアメリカと戦ったのか？

# 1
## 【超大国アメリカに挑んだ大日本帝国】
# 太平洋戦争に勝算はあったのか？

### ●日本は本当にアメリカに勝つ気でいたのか？

太平洋戦争を振り返った時、どうしても不思議なことがある。

満州事変、日中戦争、そして泥沼の太平洋戦争へと突き進んでいった日本。当初は向かう所敵なしで連戦連勝を重ねたが、やがて超大国アメリカの圧倒的な物量の差に押し切られ、破滅的な敗北を喫した。日本は本当にアメリカに勝つ気があったのか、ということである。

開戦当時、日本とアメリカの国力の差は、あまりに大きかった。

大日本帝国は世界五大国のひとつに数えられるまでになっていたが、それでもなお、アメリカとの間には埋めがたい差があった。

たとえば、産業の要ともいえた銑鉄を見てみると、１９４０年の時点で日本の銑鉄生産量はアメリカの１割にも満たず、イギリスの３分の１だということがわかる。鉄は産業や

■ 銑鉄の生産量（単位・万トン）

| | アメリカ | イギリス | フランス | ドイツ | 日本 |
|---|---|---|---|---|---|
| 1920 年 | 4281 | 921 | 271 | 928 | 72 |
| 1930 年 | 4135 | 744 | 944 | 1254 | 166 |
| 1940 年 | 6077 | 1318 | 441 | 2154 | 391 |
| 1945 年 | 7230 | 1201 | 166 | 1832 | 98 |

※小島英俊『外貨を稼いだ男たち』朝日新書より抜粋

■ 1941 年当時の日米の国力差（日本を 1 とした場合）

| 国民総生産 | 粗鋼生産 | 商船建造 | 石炭生産 | 石油生産 |
|---|---|---|---|---|
| 11.8 倍 | 12.1 倍 | 5.0 倍 | 9.3 倍 | 527.9 倍 |

軍事の上で、もっとも基本となる要素である。それが10倍もの差を付けられているのだ。そんな国に戦いを挑んで勝てるはずがない、というのが常識的な発想である。

アメリカの優位は鉄鋼だけにとどまらない。

国民総生産、石油の貯蔵量、農業等々、どれをとっても日本がアメリカに勝てるものはなかった。両国の間には大人と子供ほどの差があったのである。それなのに、なぜ当時の日本の政府や軍部はアメリカに戦いを挑んだのか。

実は、この問いには確固たる答えがない。

なぜならば、当時の日本の指導者たちの考えは非常に曖昧なのだ。

当時の記録などを見ると、日本の指導者たちもさすがに「アメリカをねじ伏せられる」とは思っていなかったようである。

開戦時の首相だった東条英機の東京裁判での宣誓供述書にも、当時の日本の首脳は陸海軍も含めてみな、アメリカとの戦闘を極力避けようとしていたと書かれている。

東条の宣誓書の中には、外務大臣の松岡洋右も「アメリカと戦争をするようになれば世界の破滅だ」などと述べていたことが記されている。松岡外相は、日本が国際連盟を脱退した時の全権大使で、日独伊の三国同盟を積極的に推進した対米強硬派と見られている。その松岡外相でさえ、日米開戦は絶対に回避するべきだと言っていたのだ。松岡はまた「アメリカと戦争をしないために、日独伊の同盟を結ぶのだ」と側近に繰り返し述べていたという。

また開戦時に海軍の連合艦隊司令長官だった山本五十六は、近衛文麿首相にアメリカとの戦争について意見を聞かれた時、次のように答えている。

「それは是非やれと言われれば初め半年や1年の間は随分暴れてご覧に入れる。然しながら、2年3年となれば全く確信は持てぬ。三国条約ができたのは致方ないが、かくなりし上は日米戦争を回避する様極極力御努力願ひたい」（近衛文麿の日記より）

海軍としても、「日米開戦はぜひ避けてほしい、もしやむを得ず開戦になっても、短期間で講和を結んでほしい」と思っていたようである。

また陸軍は海軍よりももっと日米開戦を避けたがっていた。陸軍は、長年、ソ連を仮想敵国にしてきており、また中国での戦闘も長引いていた。とてもアメリカと戦争ができる状態ではなかったからだ。だから、軍部が率先して日米開戦を行ったわけではないのである。

では、なぜ日本は戦争を始めてしまったのか？

## ●日米の対立は〝満州〟が原因

太平洋戦争を考えた時、そもそもなぜ日本とアメリカが敵対したのか、という疑問が生じる。日本がアメリカに戦いを挑んだ直接の要因は、アメリカが日本に対する石油の輸出を止めたことだとされることが多い。当時、日本は国内で消費する石油の8割近くをアメリカに依存していた。その石油の輸出が止められてしまえば、軍事や産業はストップしてしまうのだ。

なぜ、アメリカはそんな嫌がらせのようなことをしてきたのか。

表向きの理由は、アメリカが日本の中国大陸での横暴に正義の鉄槌を下した、ということになっている。だが、当然のことながら、国際関係にそうしたきれいごとなどあり得ない。日本他の列強に比べ、植民地競争で出遅れていたアメリカは中国での権益が欲しかった。日本が中国を独占しようとするのが、我慢できなかったのだ。

中国には広大な領土がある。その中でもアメリカが特に狙っていたのが満州だった。

アメリカを含め、欧米列強にとって満州は非常に魅力のある土地だった。様々な資源が眠っており、大豆などの豊富な農業生産力もある。19世紀、満州はロシアの勢力下に入るが、そのロシアが日露戦争で敗れたことで、再び満州地域は宙に浮いた状態になった。それを見た欧米列強は、新たに満州への野心を抱くようになった。とくにアメリカはその野心が満々だった。

当時、すでに世界一の工業国となっていたアメリカは、その工業製品を引き受けてくれるマーケットを求めていた。アメリカが日露戦争で講和の仲介を行ったのも、もとはといえば、満州地域の市場に食い込もうという狙いがあったからだった。

また日露戦争の勝利で日本が獲得した満州鉄道は、当初はアメリカ人の実業家エドワード・ヘンリー・ハリマンと日本が共同で経営することになっていた。この話は日本側の反対によって流れた。もちろんアメリカとしては気分は良くなかったはずだ。

日露戦争で勝利した日本は、当然のごとく満州にあったロシアの権益を我が物にするつもりでいた。アメリカとしては、それは阻止したい。

そういう緊迫した睨み合い状態が、10年以上続いたのである。

そして昭和6（1931）年、満州事変が勃発する。

中国では1911年に辛亥革命が発生し、清が倒されると、あらたに中華民国が誕生した。だが、そのために中国の政情は不安定になり、中国大陸における列強の権益が脅かされるようになった。そんな中、日本は満州での権益を確保するために、満州事変を起こして満州国を作ってしまった。しかも、日本は満州だけにとどまらず、中国全土に兵を進めようとし始めた。こうなるとアメリカはもう我慢ができない。日本を中国大陸から追い出すために、〝経済制裁〟というカードを切ってきたのだ。

## ●ABCD包囲網の恐怖

中国では、1912年に孫文による辛亥革命が成功。清政府は倒れ、あらたに中華民国が成立した。しかし、中国では国民政府とソ連の後ろ盾を受けた中国共産党との争いが激化、政情が極度に不安定になっていた。そんな中、日本は満州事変で満州国を成立させる。このことは中国国民の反感を買うことになり、昭和12（1937）年の盧溝橋事件を契機に、日本と中華民国は全面戦争である日中戦争に突入した。

日本がこれ以上、中国で権益を拡大することを危惧したアメリカは、日本に対する鉄鋼や石油の輸出を制限し、それに加えてイギリスなどと共に、日本と対立する中国国民党政権に物的支援を行った。

仏印進駐でベトナムのサイゴン(現ホーチミン)に入る日本軍

日本は物資の供給ルートを断つためにフランス領インドシナに進軍(仏印進駐)。また、国際的な孤立を解消するために、昭和15(1940)年に日独伊三国軍事同盟を結んだ。だが、それがアメリカの怒りを買った。アメリカは日本を敵国とみなし、さらなる経済制裁を加えてきたのだ。

まずアメリカは手始めに日本への屑鉄の輸出を全面的に禁止した。これに危機感を覚えた日本は、アメリカに代わる石油の輸入元を確保するために、オランダ領東インドと交渉。さらにブラジルやアフガニスタンで油田や鉱山の開発を行おうとした。しかし、いずれもアメリカの圧力によって失敗に終わってしまう。

焦った日本は、南方の石油を確保するために、フランス領のインドシナ南部を占領する。すると、アメリカは対日資産の凍結と石油輸出の全面禁止を断行、イギリスやオランダなども続いた。俗にいうABCD包囲網である。

この一連の経済制裁で、日本は完全に国際経済から締め出されることになった。当時の日本の石油貯蔵量は、平時で3年弱、戦時で1年半といわれていた。日本はなんとか経済制裁を解除してもらうために、アメリカと交渉を持った。交渉の席でアメリカが突きつけてきたのは「中国からの日本軍の撤退」「太平洋地域における平和維持に反する協定（日独伊三国軍事同盟）の破棄」などだった。アメリカは満州国を承認していなかったため、日本側は「中国大陸からの日本軍の撤退」は、「満州国からも撤退」することを意味していると解釈した。これらは到底、受け入れることができないものだった。

これ以上、交渉の余地がないと知った日本はアメリカとの開戦を決断する。

前述したように、日本の首脳陣や軍部の代表は、日本がアメリカに勝てるとは決して思っていなかった。むしろアメリカと戦いになることを危惧していたことなどから、太平洋戦争の勝算はなかったと言ってもよい。

だが、一度始まった戦争を日本はなかなか止められなかった。戦況の悪化に伴い、一部の政治家などから降伏をすべきだといった声も上がったが、大本営は敗戦の責任を負わされることを恐れて降伏を躊躇した。そのため、徹底抗戦を唱える強硬派に押されて降伏が延び、多大な被害を出すことになったのである。

# 2 外交の失敗が太平洋戦争を招いた

【太平洋戦争は回避できたはずの戦いだった】

## ●太平洋戦争の最大の原因は外交能力のなさ

なぜ、日本は太平洋戦争をすることになったのか。その原因をひとつに絞るのは難しい。なぜならば、当時の国際社会は複雑そのものといってもよい状況にあった。経済や資源、軍事など、多くの国々が様々な思惑のもと動いていたからである。

だが、あえてもっとも大きな要因を挙げるとするならば、それは日本の「外交能力のなさ」だといえる。大日本帝国は、明治から続く富国強兵政策で世界第3位の海軍軍事力を手に入れるまでになっていた。だが、どんなに気取ってみても、こと外交に関しては〝アジアの田舎紳士〟の域を出なかったのだ。

とくに満州事変以降の日本の外交は、「お粗末」の一言に尽きる。

満州事変が勃発した時、日本は後世で言われるほど孤立していたわけではなかった。満州事変とは、関東軍が謀略によって中国に戦争をしかけ、満州全体を制圧して日本の傀儡国家である満州国を作ったという出来事だ。

満州を占領された中国（当時は中華民国）は、国際連盟に訴えて出た。国際連盟はリットン調査団を満州に派遣し、調査報告書を提出させた。

このリットン調査団の調査報告は、実はそれほど厳しい内容ではなかった。「満州国は日本の傀儡国家であり認められない」とはしていたものの、日本の満州における優先的な権益は認めており、国際監視の下で満州に自治的な国家を作るよう提言している。日本の満州の権益を完全に否定するようなものではなかったのだ。

満州問題について話し合いが持たれた国際連盟のジュネーブ総会では、「リットン卿一向の満州視察」と題した映画も公開された。映画は、日本の満州におけるインフラ整備などの様子も収めていた。それを見た各国の大使は日本の開発に賛辞を送り、反対派の大使の中には「もっと宣伝工作をすべきでないか」などと日本の松岡洋右全権大使にアドバイスをした者もいたという。

## ●満州国の建国に寛容だったイギリス

国際連盟の会議では反対票を投じたが、イギリスも満州国の建国には寛容な態度をとっていた。たとえば昭和7（1932）年の9月16日のタイムズ紙では、満州国の建国に関して次のような社説が載せられている。

「日本が上海で行ったこと（上海事変のこと）はイギリスの世論はまったく支持していないが、そのことと満州の話はまた別である。日本の満州における経済的利害関係は、日本国民にとって死活問題である。日本はロシアの手から満州を救出し、満州が他の中国の各地のような無政府状態の混乱に陥ることを防いできた」

「日本は満州に合法的に経済上の権益を持っているにも関わらず、中国の官憲は不合理にもこの権益を阻害した。日本はここ数年、これを是正させようとしたが、成しえなかったのである」

イギリスは世界各地に植民地を持っていたため、それを国際世論から批判されることがあった。そうした批判をかわすために、満州事変を容認したという側面もあったかもしれない。それを差し引いても、イギリスの論調は好意的だったといえる。国際世論の満州事変に対する見方も、当初はそれほど厳しくはなかったのだ。

だが、日本はそうした国際世論を味方につける努力はせず、「国際連盟脱退」という茨の道を選んでしまった。日本国内では、満州国建国でお祭り騒ぎのようになっており、これを差し戻す勇気のある政治家は誰もいなかったのだ。

# 3

## 【第二次世界大戦の切り札となるはずだった大同盟構想】

# 幻に終わった「四国軍事同盟」

### ●なぜ日本はドイツと同盟を結んだのか？

大日本帝国の外交の失敗例として語られることが多いのが、日独伊三国軍事同盟だろう。１９４０年に結ばれたこの軍事同盟は、その他の列強を大いに刺激し、米英仏との関係を決定的に悪化させることになった。

それにしても、日本はなぜドイツやイタリアと手を組むことにしたのか。

当時のドイツとイタリアは、はっきり言ってあまり評判の良い国ではなかった。とくにドイツは敵だらけだったと言ってもいい。

ヒトラー率いるナチス・ドイツは、１９３９年にポーランドに侵攻し、第二次世界大戦の口火を切った国である。ヨーロッパ戦線はその後も拡大を続け、日本が同盟を結んだ頃には、ドイツはイギリスやフランス、オランダ、ベルギーなどと戦いを繰り広げていた。

また、ドイツはアメリカとも関係が悪く、唯一の仲間と言えるのは、ムッソリーニ率いる

日独伊三国軍事同盟の締結に際して、ヒトラーと会談をする松岡外相

イタリアくらいなものだった。
そうした国と手を組めば、国際的な立場はさらに悪くなるに決まっている。それなのになぜ、日本は三国軍事同盟を選択したのか。
日本がドイツに接近した理由は単純である。それはお互いに国際的に孤立していたからだ。
当時の日本とナチス・ドイツの状況はよく似ていた。日本は昭和8（1933）年に、国際連盟を脱退。ドイツも同年、軍縮条約を不服として国際連盟を脱退している。日本は隣国のソ連に脅威を感じていたが、ヨーロッパで戦うドイツも背後に控えるソ連の動きを抑え込みたかった。他に同盟してくれる国もない中、似た境遇にある日本とドイツは必然的に近づいていったのである。

## ●ドイツを見誤った日本

だが、ドイツとの協調路線は、はっきりいって誤算の連続だった。

最初の誤算は、昭和11（1936）年11月に締結した「日独防共協定」である。満州事変以降、国際的な孤立を深めた日本はドイツに接近した。だが、軍事同盟を結んでしまえば、ドイツと対立するアメリカやイギリス、フランスを刺激することになる。

そこで外務省が考え出したのが、〝日独防共協定〟である。〝防共〟とは、共産主義を防ぐという意味である。1917年のロシア革命でソビエト連邦が成立して以来、共産主義は世界各国にとって大きな脅威となっていた。そこでソ連を両国で牽制し、共産主義をこれ以上広めないよう協力しましょう、ということが〝防共協定〟の趣旨だった。これならば軍事同盟ではないので、英米仏を刺激せずに済むというわけである。

当然、日本としてはこの防共協定がソ連だけでなく、英米仏への牽制になってくれるものと期待していた。だが、日本はこの日独防共協定で大恥をかかされることになる。

協定締結からわずか2年後の昭和13（1938）年、ドイツはソ連と「独ソ不可侵条約」を結ぶ。不可侵条約といえば、お互いに攻め込まないようにしましょう、という平和条約のようなものである。ドイツは日本に「ソ連を牽制しよう」と言っておきながら、その舌の根が乾かないうちに、ソ連とちゃっかり手を結んでしまったのだ。

このドイツの行動に、日本は大いに失望させられた。当時の内閣も激しいショックを受け、総辞職を余儀なくされたほどだった。

## ●幻に終わった日独伊ソ四国軍事同盟

ドイツがソ連と不可侵条約を結んだことに関しては、仕方がない面もあった。条約が結ばれた翌月、ドイツはポーランドに侵攻している。これからポーランドに攻め入ろうと考えていたドイツとしては、ソ連と敵対するよりも良好な関係を作っておいた方がいい。とりあえず不可侵条約を結び、ソ連の動きを牽制しようという狙いがあったのだろう。

その後、ドイツは破竹の勢いで進撃し、昭和15（1940）年6月には、フランスを降伏に追い込んだ。

日本は不可侵条約の一件からドイツと距離を置いていた。だが、快進撃を続けるドイツを見て、再びドイツと接近すべしという声が沸き起こってくる。そして、今度は防共協定などという曖昧なものではなく、イタリアを加えた三国軍事同盟を結ぼうということになったのだ。

実は、日本の外務省にはある思惑があった。

それは三国軍事同盟に、ソ連を加えた四国軍事同盟を作ることである。

日独伊の三国だけでは、アメリカやイギリスに対抗するには少し弱い。ドイツの軍事力は強力だったが、植民地を持っていない。日本も急激に力をつけているが、イギリスやアメリカと並び立てるほどではない。イタリアも英米仏に比べれば、一段落ちる印象だった。単純な国力を比較すれば、日独伊の三国が不利であることは誰にでも分かるようなことだった。

しかし、そこにソ連が加われば、話は別である。

ロシアの国力を革命で引き継いだソ連には、強力な軍隊も豊富な資源もある。それを味方につけることができれば、アメリカやイギリスに対抗できる。

この四国軍事同盟をもっとも熱心に進めていたのは、時の外務大臣の松岡洋右だった。ソ連はすでにドイツと不可侵条約を結んでいる。日本が望めば、ソ連もきっと不可侵条約を結んでくれることだろう。そうなれば、四国軍事同盟も難しい話ではない。そう考えた松岡外相は、ドイツで日独伊三国軍事同盟を締結すると、翌年の昭和16（1941）年4月、ソ連を訪問し、日ソ中立条約を結んだ。これで四国軍事同盟は確実なものになったはず……だった。

しかし、直後に大変な事態が起きてしまう。

日ソ不可侵条約の締結からわずか3ヵ月後、ドイツが不可侵条約を破って、ソ連に侵攻したのだ。ヒトラーは共産主義を嫌悪しており、ソ連の指導者スターリンとは犬猿の仲だった。一度はソ連と手を結んだものの、結局、長続きはしなかったのである。

これで日本の四ヵ国同盟構想はあっけなく潰れてしまった。日本は日独伊という弱い陣営のまま、英米仏と対峙しなければならなくなったのだ。

それにしてもなぜ日本の外務省は、ドイツがソ連に攻め込むことを事前に把握していなかったのか。松岡外相などはドイツのソ連侵攻の3ヵ月前に訪独していたにも関わらずである。

実は、ドイツはその時、松岡外相に対し、「ソ連との関係が破綻するかもしれない」「日本とドイツでソ連を挟み撃ちにしよう」ということを示唆していた。だが、松岡外相はそれを信じることができなかった。四ヵ国同盟のことで頭がいっぱいだったのだ。

ドイツはその言葉通り、日本がソ連に攻め込むことを期待していた。だが、日本は石油を確保するために、軍の進路を南方にとった。当時の外交のお粗末さが、日本の命取りになったということである。

# 4 第二次大戦のキーマンはソ連だった

## 【ソ連と組めなかった枢軸国、ソ連と組んだ連合国】

### ●狡猾だったイギリスとフランス

第二次世界大戦を俯瞰して見た場合、勝敗のカギを握っていたのはソ連だったといえる。

ソ連は当初から連合国側に参加していたわけではない。むしろ、ソ連は日独伊の枢軸国側に加わる可能性も十分にあった。このソ連の動向が、第二次世界大戦の勝敗を分けたといえる。

だが、ソ連が大戦のキーマンになることを、日本やドイツはいまひとつ分かっていなかった。だからこそ、ドイツは日本が協力してくれるという確証を得ないままソ連を攻めてしまったのであり、日本もまたドイツの誘いに乗ってソ連を叩かなかったのだ。

だが、アメリカやイギリスなどの連合国側は、ソ連の重要性にかなり早い段階で気づいていた。それが日本、ドイツとアメリカ、イギリスの外交能力の差だといえる。

そのことが特に顕著に表れているといえるのが、ポーランド侵攻時のイギリスとフランスの対応だろう。

1939年、ドイツとソ連は東西からポーランドに侵攻した。それを見たイギリスとフランスは、ポーランドを守るために〝ドイツ〟に宣戦布告をする。繰り返すが、ポーランドに侵攻したのは、ドイツだけではない。ポーランドを東西に分割するという秘密条約のもと、ソ連もしっかり攻め込んでいたのである。

しかし、イギリスとフランスが宣戦布告をしたのは、あくまでドイツ一国だった。両国の狙いは、ドイツがヨーロッパでの勢力を拡大するのを防ぐことだった。ポーランドを守るなどというのは単なる建前で、あえてソ連を野放しにしてドイツに戦力を集中させたのである。

このイギリスとフランスの判断は、高度に政治的なものだったと言える。

もし、このときソ連にまで宣戦布告をしていれば、イギリスとフランスは叩き潰されたことだろう。なにしろ、ドイツは一国だけでフランスを降伏させ、イギリスを降伏寸前まで追い込んでいたのだ。ソ連が加わっていれば、イギリスも降伏を免れなかったに違いない。

イギリスやフランスはドイツに追い詰められはしたものの、ソ連を敵に回さなかったために、結果的にヨーロッパ戦線で勝利を収めることができた。戦況や自国の置かれた状況を冷静に分析したことが、勝利につながったのである。

## ●愚直だったドイツと日本

だが、こうした高度な政治判断は、日本やドイツにはできなかった。

ドイツは、一度はソ連と組んでポーランドを分割したが、その裏で常にソ連を攻撃する機会をうかがっていた。ヒトラーには、ソ連を攻めるにあたって2つの狙いがあった。1つは、スラブ人が住む東ヨーロッパを占領し、そこにドイツ人の植民地を作ること。もう1つは、ソ連を攻略することで、戦闘が長引いているイギリスから講和を引き出そうということだった。ヒトラーの読みでは、イギリスはアメリカとソ連が参戦してくれることを待っているはずだった。そこでイギリスが反撃の体勢を整える前に、ソ連を叩き、イギリスの希望を打ち砕こうというのだ。

ドイツは、独ソ不可侵条約を破り、1941年6月にソ連に侵攻する。当初、独ソ戦はドイツの圧勝で進んだ。しかし、ソ連の体勢が整い出すと、ドイツに反発するパルチザンなどの活躍もあり、ドイツは次第に押されるようになった。

一方、西方ではイギリスがアメリカの参戦などの力を得て反撃に転じ、大攻勢をかけてきた。東西から挟まれたドイツは苦戦を強いられ、1945年5月に無条件降伏することになる。イギリスに圧力をかけるつもりが、戦況を見誤ってソ連に侵攻したため、かえってイギリスの思い通りになってしまったのである。

ドイツのソ連への侵攻は、日米関係にも大きな影響を与えた。

当時、日本とアメリカは日本の中国侵攻問題で関係が悪化しつつも、戦争を避けるために交渉を重ねている最中だった。アメリカの経済制裁などはあったが、少なくとも昭和16（1941）年の前半までは、両国の関係は決して修復不可能なところまでいっていたわけではなかった。アメリカ側にも開戦を避けるために、それなりに日本との関係を維持しようという姿勢が見られたからだ。

しかし、その年の6月に独ソ戦争が始まると、アメリカの態度が急変する。アメリカは日本に対してすっかり強気になり、独ソ戦争の翌月には「中国から全面撤退しなければ、石油を禁輸する」と脅しにかかったのである。

ドイツとソ連の戦争が始まったことで、ドイツと軍事同盟を結ぶ日本がソ連と手を結べる可能性はなくなった。アメリカはそれを冷静に分析したのだ。

第二次大戦期のキーマンとなったソ連。そのソ連と手を組めなかった日独伊、ソ連と手を組んだ英米仏、第二次大戦の趨勢はここに決していたのである。

# 5 真珠湾攻撃陰謀説は本当か？

【ルーズベルトは事前に真珠湾攻撃を知っていた？】

## ●いまだにささやかれる陰謀説

太平洋戦争は、昭和16（1941）年12月8日に決行された日本の真珠湾奇襲攻撃によって幕が切られた。

この真珠湾奇襲攻撃については、以前から「ルーズベルト陰謀説」というものがささやかれてきた。陰謀説の要旨は次の通りである。

ルーズベルト大統領は、日本軍の真珠湾攻撃を事前に知っていた。当時、アメリカは議会や国民の意向により、第三国の戦争には関与しないことになっていた。ルーズベルト自身、演説で国民に向かって「あなたたちの息子を戦場に送ることはない」と明言していた。

だが、ヨーロッパ宣戦ではフランス、オランダがドイツに降伏、イギリスも降伏寸前まで追い詰められていた。また、アジアでは日本が仏印などに兵を進め、猛威を振るっていた。ドイツと日本にこのまま好き放題やらせていては、アメリカの国益が損なわれる。そう

1941年12月8日、真珠湾攻撃を受けて、対日宣戦布告書にサインするルーズベルト大統領

考えたルーズベルト大統領は参戦の機会をうかがっていた。

だが、演説などで不参戦を明言している以上、アメリカは自分から攻撃することはできない。そのため、アメリカは日本やドイツから攻撃されるのを待っていた。攻撃を仕掛けられれば国民に第二次世界大戦への参戦を納得させることができるからだ。

そこで、ルーズベルトは石油の輸出禁止や、日本人の対米資産の凍結などで、日本に圧力をかけていった。追い込まれた日本はアメリカと戦う意志を固め、真珠湾攻撃を計画する。ルーズベルトはその計画を事前に察知した。しかし、参戦の口実を作るためにあえてそれを握りつぶし、真珠湾攻撃を成功させた、というものである。

## ●陰謀説を裏付ける証拠

この真珠湾攻撃陰謀説は、現在でも信ぴょう性のある話として広く信じられている節がある。なぜ、こうした陰謀説が生じたのだろうか。

まず言えることは、日本の真珠湾攻撃があまりにタイミングが良すぎたことである。

当時の日本は、南方の石油資源を狙って、列強のアジアの植民地に進駐していた。そのまま放っておけば、日本はいずれ石油を手に入れることになり、アメリカの石油禁輸政策も意味をなさなくなる。

また、ヨーロッパ戦線もアメリカにとって都合の悪い事態となりつつあった。ドイツは工業国としてアメリカ最大のライバルだったが、ドイツがヨーロッパの覇権を握れば、アメリカはヨーロッパ市場から締め出されることになりかねない。事実、ナチス・ドイツは、自国を中心としたヨーロッパの新しい経済体制を作る計画を進めていた。もちろん、アメリカはその経済体制から疎外されることになる。

そういう時に、絶妙のタイミングで真珠湾攻撃が起こり、アメリカはここぞというタイミングで戦争に加わることができた。当時のアメリカの諜報能力からすれば、真珠湾攻撃の情報をつかむことも難しくはなかったはずである。そう考えると、この陰謀論はたしかに信ぴょう性があるように思える。

真珠湾攻撃陰謀説には、それを裏付ける証拠のようなものもある。

たとえば、ＦＢＩの長官をつとめたフーバーは、真珠湾攻撃の情報を事前につかんでおり、ルーズベルト大統領に進言したと証言したことがある。

また、映画「007」のジェームズ・ボンドのモデルとされるナチスとイギリスの二重スパイ、ドゥシャン・ポポヴなども、真珠湾攻撃の情報を得て、FBIに流したと回顧録に記している。どうやらアメリカ側が攻撃を事前に察知していた、ということは事実のようなのだ。

実際、真珠湾にいたアメリカ太平洋艦隊は攻撃に備えるためか、不審な行動もとっている。日本の攻撃がある前、空母3隻を移動させているのである。

真珠湾は浅瀬で魚雷が使えないため、攻撃されるとしたら艦載機による爆撃が中心になるはずだった。空母は戦艦に比べて装甲が薄いため、爆撃されれば大きな被害を受ける。真珠湾攻撃を知っていたアメリカ軍は、攻撃に備えて空母を動かした可能性があるのだ。

また、空母エンタープライズを要する部隊は、真珠湾出航後、行動を隠し、24時間体勢で哨戒を行っていた。そして国籍不明の船舶、航空機、潜水艦を発見した場合は、攻撃するよう命令されていたという。当時はまだ日本と開戦する前のことである。この部隊の行動は「アメリカ軍が事前に真珠湾攻撃を知っていた」根拠として挙げられることが多い。

## ●ルーズベルトは知っていたのか？

では、真珠湾陰謀説は本当に真実なのだろうか。

たしかにルーズベルトが知っていた可能性はある。いや、かなり高い可能性で知っていたかもしれない。だが、真珠湾陰謀説には、根強い反対論もある。それは、「攻撃を知っていたにしては、被害が大きすぎる」というものだ。

真珠湾攻撃でアメリカ側が受けた被害は、太平洋艦隊の戦艦8隻のうち5隻が沈没、3隻が大破。２０００名以上の戦死者まで出している。日本の攻撃でアメリカの太平洋艦隊は事実上、壊滅に近い被害を受けた。いくらアメリカが物量大国だといっても、これだけの損害を容易に回復できるものではない。実際、アメリカが太平洋で攻勢に転じるまでには、2年の歳月がかかっているのである。

ルーズベルトが真珠湾攻撃の詳細を明確につかんでいて、わざと見過ごしたのかどうかは、まだ歴史の検証の途上だといえる。

だが、状況的に見て、ルーズベルトがある程度の情報をつかんでおきながら、故意にそれを無視した可能性は高いだろう。ただし、ルーズベルトは真珠湾攻撃でここまで被害が拡大するとは予測していなかったのではないか。

なぜならば、真珠湾攻撃とは、日本軍の技術の粋が集められた「新しい攻撃方法」だったからである。

# 6 実は高度だった大日本帝国軍の戦術

## 【開戦当初の快進撃を支えた先進的な戦術、戦略】

### ●真珠湾攻撃は地形的に不可能とされていた

太平洋戦争というと、アメリカの圧倒的な強さばかりが強調されることが多い。

だが、日本軍も決して簡単に負けたわけではなかった。

日本軍は真珠湾攻撃でアメリカの太平洋艦隊に壊滅的な打撃を与えただけでなく、東南アジアではヨーロッパ列強などの駐留軍と交戦、圧勝を収めている。日本軍は開戦からわずか半年で、大陸ではビルマ（現在のミャンマー）以東一帯を、太平洋ではスマトラ島、シンガポールからニューギニアまで広大な地域を支配下に置いた。

またフィリピンでもアメリカ軍と干戈を交え、それを打ち破ってもいる。あのマッカーサーも太平洋戦争の緒戦では日本軍に大敗を喫し、大勢の部下を残したままフィリピンから逃げ去っているのである。日本は太平洋戦争でも「戦争に強い国」としての性質をいかんなく発揮していたのだ。

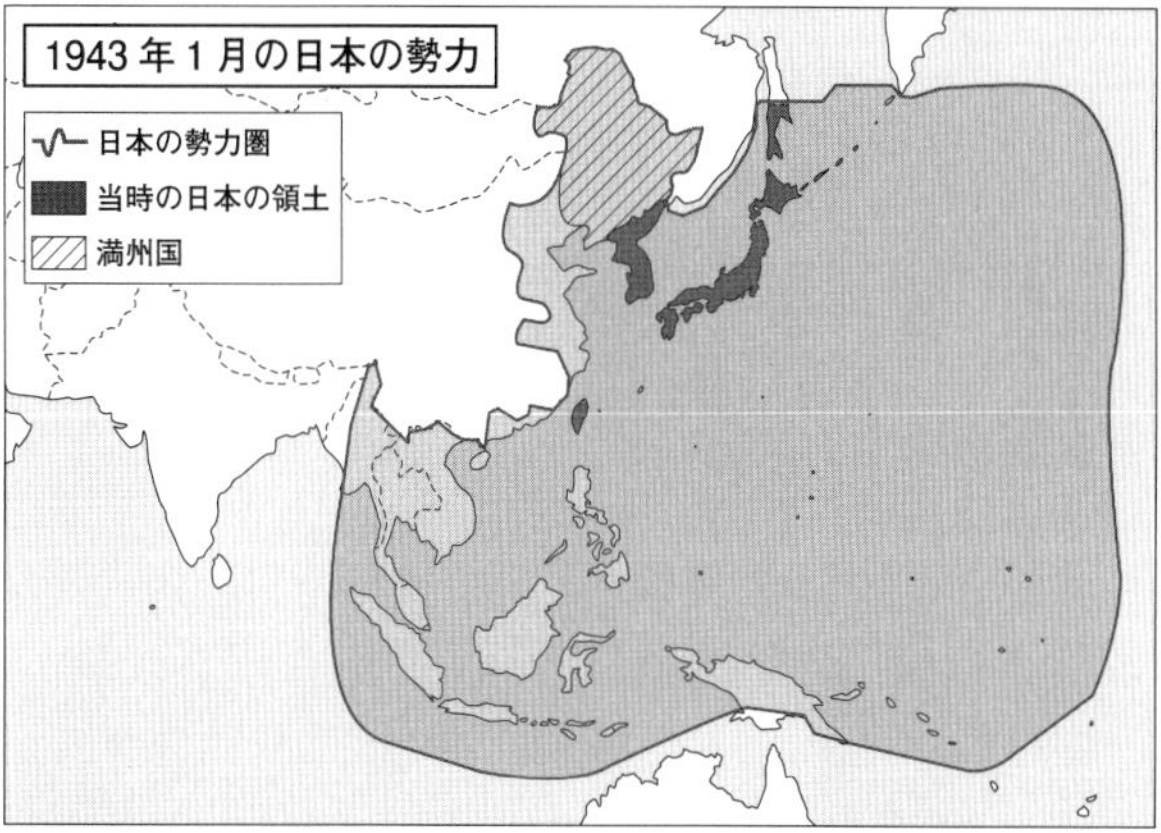


昭和18年の大日本帝国の勢力圏。広大な地域にまたがる勢力圏を築いていた。

緒戦の真珠湾攻撃では、「不意打ちしたから打撃を与えることができた」と考えられているが、決してそれだけではない。実は真珠湾攻撃というのは、非常に成功が困難な作戦であり、日本の軍事力の粋が集められていた作戦だったのだ。

真珠湾は当時、航空機による攻撃は困難だとされていた。

航空機が軍艦を攻撃する際、もっとも効果があるのは魚雷である。魚雷で船腹を破ることができれば、火薬庫を爆発させるなどの多大な被害を与えることができる。戦艦は装甲が厚いため、上空から爆弾を落としてもそれほど効果はない。戦艦を沈めるためには、魚雷攻撃が必要だったのだ。

航空機が魚雷攻撃をする場合、海中に投下

された魚雷は一旦、海中を60メートルほど潜り、そこからスクリューで上昇して目標物に向かって走り始める。だが、真珠湾は浅瀬で、海底まで12メートルしかない。そのため、魚雷を打ち込んでも、船に到達する前に海底に突き刺さってしまうのである。

当時の航空機による魚雷攻撃は、高度100メートルくらいから、目標物の1000メートル手前くらいで魚雷を投下するのが普通だった。しかし真珠湾は、湾内が最長でも500メートルしかなく、岸壁には煙突やクレーンなどの港湾施設が迫っていた。従来のやり方では、魚雷を打ち込むことは不可能だったのだ。

では、日本軍はどうやって真珠湾攻撃を行ったのか？

まず魚雷の改造をした。あまり沈まない「浅沈度魚雷」というものを開発したのである。そして艦載機の搭乗員たちが鹿児島県に集められ、錦江湾で魚雷攻撃の猛特訓が行われた。錦江湾は、地形が真珠湾によく似ていたのである。

その結果、不可能とされていた真珠湾への魚雷攻撃を成功させたのだ。

もし、魚雷攻撃ができずに爆弾だけの攻撃ならば、戦艦5隻を沈めるなどという大戦果をあげることはできなかっただろう。またルーズベルトが真珠湾攻撃を許したのも、魚雷攻撃はないと踏み、これほどの損害を受けるとは予測していなかったからではないだろうか。

## ●フィリピンからアメリカを追い出した日本軍の戦術とは？

前述したように、日本は太平洋戦争の緒戦では、太平洋、東南アジアの米英軍を圧倒していた。あの強大なアメリカ軍を、フィリピンから追い出したこともあったのだ。

零式艦上戦闘機

フィリピンで日本が圧勝した要因のひとつに、制空権を素早く奪取したことが挙げられる。日本は開戦直後、フィリピンの主要空港を空爆し、フィリピンのアメリカ航空兵力をほぼ壊滅させている。アメリカ軍はこのとき日本の空爆になすすべもなく、一方的に叩かれたのである。

なぜこのようなことが可能だったのか？

フィリピンを空爆したのは、台湾基地から発進した零戦の航空隊である。アメリカ軍は、台湾基地からの出撃はまったく想定していなかった。台湾からフィリピンまでは約800キロもあり、当時の戦闘機の常識では、空爆など不可能だった。そのため、フィリピンのアメリカ軍は、空母からの攻撃だけを警戒していたのである。

ところが、零戦は当時の常識を破る2000キロもの航続距離があった。台湾からフィリピンまで飛んでいくことができたのだ。

太平洋戦争の敗北というと、その要因として「日本は科学を軽視し、精神力だけで戦おうとした」などと言われることがある。また日本軍は、すでに航空機の時代になっていたにもかかわらず、航空機を軽視し、巨大戦艦に固執しつづけたともいわれる。そうした前時代的な戦術、戦略にこだわったために敗北した、というのだ。

しかし、この見方は適当ではない。

むしろ、日本軍は当時としてはかなり進歩的な考えを持っていた。世界がまだ戦艦中心主義のときに、すでに航空戦の準備を怠りなくやっていたのである。というより、海戦に航空機を大掛かりに持ち込んだのは、日本軍が世界で最初だといえる。

日本は、太平洋戦争の前から海戦における航空機の導入を進めていた。

太平洋戦争の開戦当時、空母の数は、日本軍8隻に対してアメリカ軍7隻と、アメリカ軍よりも多かった。第二次大戦前までは空母というものが、海戦でどれほど役に立つものかまだよくわかっていなかった。今でこそ、太平洋戦争では空母が大きな役割を果たしたことが知られているが、開戦前は空母による空中戦などほとんど行われた試しがなかったのである。

そんな中、日本軍は、限られた資源を空母の製造に充てていた。海戦の主役が空母になることを見越し、力を注いでいたのである。

開戦当初、日本軍の保有する戦艦と空母の割合は、ほぼ同数になっていた。一方、アメリカ軍は戦艦の数が空母の倍だった。このことからも日本海軍がアメリカ軍よりもはるかに空母の重要性を認識していたことがうかがえる。

日本がアメリカの空母にしてやられるのは、太平洋戦争の後半である。太平洋戦争の緒戦では、航空戦術面では明らかに日本の方が優れていたといえるのだ。

# 7 ミッドウェー海戦が日本の敗因ではない

## 【戦略、戦術では埋めようがなかった物量の壁】

### ●まだ余力があった日本の海軍

太平洋戦争では、ミッドウェー海戦がターニングポイントとして語られることが多い。ミッドウェー海戦の敗北が、太平洋戦争の帰趨を決定づけたと。

日本は開戦初期、真珠湾攻撃の成功の後、破竹の勢いで太平洋や東南アジアに進出した。しかし、半年後の昭和17（1942）年5月、ミッドウェー沖で起こった空母同士の海戦で敗北した。日本は、このミッドウェー海戦で主力空母を4隻失うなど、大きなダメージを受けた。このダメージによって日本は敗北への道を転がり落ちるようになった、そういう解釈がされることが多い。

また連合艦隊司令長官の山本五十六は、開戦前、近衛文麿に「1、2年は暴れてみせます」と言った。が、開戦から半年後にミッドウェー海戦で敗れているので、山本五十六の言ったことは嘘だった、などとも言われることもある。

■ 日米の太平洋での空母、艦載機の戦力比

| 年月日 | 日本の空母 | 米の空母 | 日本の艦載機 | 米の艦載機 |
|---|---|---|---|---|
| 1941年12月 | 8 | 6 | 459 | 490 |
| 1942年6月 | 5 | 4 | 255 | 331 |
| 1942年12月 | 6 | 3 | 291 | 250 |
| 1943年6月 | 6 | 11 | 291 | 673 |
| 1943年12月 | 7 | 18 | 321 | 1066 |
| 1944年6月 | 6 | 21 | 231 | 1339 |
| 1944年12月 | 4 | 24 | 186 | 1673 |
| 1945年6月 | 4 | 27 | 186 | 1946 |
| 終戦時 | 3 | 27 | 129 | 1946 |

しかし、この解釈は正しくはない。

ミッドウェー海戦というのは、太平洋戦争の全体の流れから見れば、それほど大きな影響を持ったものではないのだ。

たしかにミッドウェー海戦では日本軍は大きな打撃を受けた。だが、当時の戦力比を見た場合、ミッドウェー海戦の後でも、太平洋上では日本海軍の方がアメリカ海軍を上回っているのである。

上の表は、太平洋戦争の主力兵器であった空母と艦載機の数を日米で比べたものである。

この表を見ればわかるように、戦争の初期の段階では、太平洋で使用できる空母の数は日本の方が勝っていた。昭和17（1942）年の年内までは、日本の空母数は6、アメリカは3であり、倍の戦力差があった。艦載機の数も日本が上回っていた。

したがって、昭和17（1942）年までの太平洋で

の制海権、制空権は日本が握っていたといえるのだ。

## ●日本の敗因は圧倒的な物量の差

だが、翌年になると日本が恐れていた事態となる。

アメリカがその持ち前の圧倒的な物量を発揮し始めたのだ。

昭和18（1943）年には、日本とアメリカの兵力差は逆転、年末には空母、艦載機ともに倍以上の差をつけられてしまった。

これまでも何度か述べてきたが、日本とアメリカの物量の差というのは、どうしようもないほどのものがあった。

仮にミッドウェー海戦で日本が勝っていたとしても、アメリカの優位はまったく揺るがない。それから1年もすれば、日本の倍の空母や航空機を揃える力がアメリカにはあったからだ。身も蓋もない言い方だが、日本の敗北は動かしようがなかった。1回、2回の戦闘の失敗で日本は敗れたのではない。圧倒的な物量に敗れたのだ。

当時の日本軍の軍事力や科学力が劣っていたわけではない。日本の零戦が開戦当初、無敵だったこと、航空機による海上攻撃を確立したことなどを見ても、日本の軍事力や科学力は欧米と比べても引けを取らなかった。

しかし、物量においては如何ともしがたい差があった。

アメリカは太平洋戦争の直前に、艦船の製造計画を大幅に変更して空母の増産を始めた。これらの空母が戦役につくようになった昭和18年以降になって、航空機大量投入によるアメリカの反撃が始まるのである。

ミッドウェー海戦。アメリカ軍の爆撃を受け大破した「三隈」

資源大国、工業大国のアメリカが、空母を大量に製造し始めれば、日本が太刀打ちできるはずがない。近代戦争においては、2倍以上の戦力差があればどんなに優れた戦術を用いてもそうそう勝てるものではない。どれほど日本軍が訓練を施し、巧妙な作戦を立てたとしても、これだけ物量の差があれば無理である。

そして、もっとも重要なことは、このことは〝最初からわかっていたこと〟である。戦争が長引けばアメリカが物量作戦で圧倒してくることは、最初から見えていた。だから、日本の首脳部は、アメリカが物量作戦を展開してくる前に、ダメージを与え、講和に持ち込まなければならなかったのだ。

何度も言うが、太平洋戦争での最大の過ちは、外交の失敗である。外交の失敗で戦争に突入し、外交の怠惰で最適な時期に講和を結ぶことができなかった。太平洋戦争では、日本が優勢だった時期が1年以上も続いたというのに、その間に政府は講和の努力をほとんどしなかった。それが日本が焼け野原になってしまった最大の要因なのである。

# 第七章

# 大日本帝国はアジアの解放者だったのか？

# 1

【大日本帝国が追い求めた「大東亜共栄圏」の夢】

# 日本はアジアを開放したのか?

### ●大東亜共栄圏の理想と現実

大日本帝国には、「大東亜共栄圏」という思想があった。

大東亜共栄圏というのは、東アジアから欧米の勢力を追い出し、各民族が協調した豊かで平等な地域をつくろう、という考え方である。

日本を中心としてアジア地域を結束させようという考え方は幕末からあったが、昭和初期になって急速にクローズアップされるようになった。大東亜共栄圏という言葉は、昭和16(1941)年の松岡洋右外務大臣の発言によって世間に広まったものだ。

大東亜共栄圏思想の広まりは、1929年の世界大恐慌以降、イギリス、アメリカ、フランスなど広い植民地を持つ国が貿易を急速に収縮させたことも大きく影響している。国際貿易が収縮すれば、資源の少ない日本は立ち行かなくなる。そのためには、欧米諸国に頼らず、自力で大きな貿易圏を確保しなければならない。大東亜共栄圏をつくれば、その問題がクリアできるということである。

かといって、すべて利得ずくで大東亜共栄圏の思想を持ち出したわけではない。日本は以前から欧米のアジア諸国に対する侵攻や、人種差別については異議を唱えていた。

たとえば、１９１９年、第一次世界大戦の講和と国際連盟の設立について話し合われたパリ講和会議では、日本は国際連盟の規約に人種差別撤廃条項を織り込むように提案している。

この条項は「人種あるいは国籍如何により法律上あるいは事実上何ら差別を設けざることを約す」というもので、当時としては画期的な思想だった。「人種差別」について、先進国が動き出すのは１９６０年代になってからのことであり、日本の提案は非常に進歩的で、民主的だったのである。

日本がこのような提案をしたのは、欧米人のアジア人への蔑視、人種差別を念頭に置いてのものだった。

当時、すでにたくさんの日本人がアメリカ大陸などに出稼ぎや移民として渡っていた。だが、そこで待っていたのは激しい人種差別だった。アジア各地の植民地でも、欧米人たちは現地の人間に対して差別的な振る舞いをしていた。そうしたことは日本人にとって気分のいいものではなかったのだ。

そのため、国際連盟の設立を機に、人種差別の撤廃を提案したのである。日本のこの提案は、オーストラリアなどを中心とするイギリス連邦の反対があり、またアメリカも最終的に反対に回るなどで実現には至らなかった。

このように「人種差別の撤廃」は日本にとっての悲願でもあり、大東亜共栄圏の思想はあながち「単なる口実」だとは言えないのだ。大東亜共栄圏という発想は、ある意味、アジア人たちの欧米人への不満、鬱屈が形になって表れたものでもあると言えるのではないだろうか。

## ●大日本帝国のアジア政策の功罪

大日本帝国は、「大東亜共栄圏」を旗印にして太平洋戦争の道を突き進んでいった。

その大日本帝国が起こした太平洋戦争には、ふたつの相反する評価がある。

ひとつは、大日本帝国はアジア諸国に戦乱の火種を撒き散らし、アジアの人々に著しい迷惑をかけたということ。

もうひとつは、大日本帝国がアジアから欧米列強を駆逐したために、その後、アジアの国々が独立することができた、ということである。

前者は学校の教科書の多くにみられる記述であり、ごく一般的な解釈であるといえる。

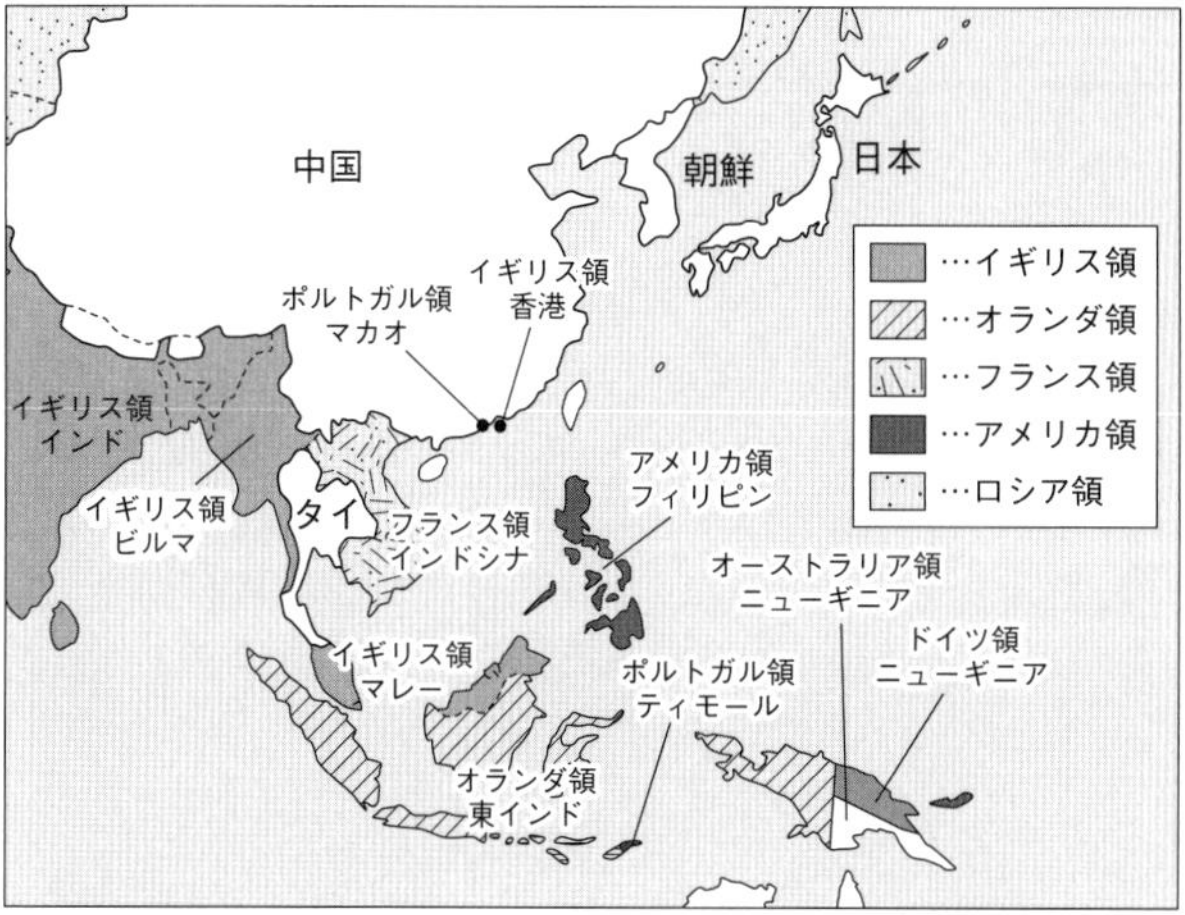


20世紀初頭のアジアの状況。アジアの大部分の国々が、欧米の植民地になっていた。

後者は、それに対して反論するような形で、最近よく述べられるようになった解釈である。

この両極端の評価は一体どちらが正しいのか？

答えを言えば、そのどちらも正しいと言わざるを得ない。

大日本帝国は「アジアの解放」を掲げて、東南アジアに侵攻し、イギリスやアメリカ、オランダなどの軍を駆逐した。

この時、日本軍は現地の独立運動家たちに武器を与え、軍としての教育を施した。戦後になって再び欧米列強が戻ってきた時、彼らは日本が提供した武器と、日本軍が教えた軍事技術を使って独立闘争を行ったのである。

ミャンマーやインド、ベトナム、インドネシア、マレーシアなど、第二次大戦後に独立した国々のほとんどは、何らかの形で過去に日本軍の支援を受けていた。そういった意味では、欧米からアジアを解放した、ということはウソではない。

ただ、日本がアジア諸国の開放や独立だけを求めて、義勇的な行動をしていたのか、というと決してそういうことでもない。日本軍の東南アジア進出は、まず第一に石油などの天然資源の確保という目的があった。だから日本軍はまず現地で資源の確保を最優先した。

また日本軍は、英米蘭の軍を駆逐した後、アジア諸国をすぐには独立させなかった。軍政を敷き、一旦、日本の統治下に置いたのである。アジア諸国の独立運動家たちの多くは日本軍の「アジア解放」というプロパガンダに同調したが、なかには、後に「日本軍は嘘つきだ」と考えた者もいたようである。

たとえば、ビルマの独立運動家のタキン・アウンサンは、その代表的な存在だろう。

日本軍はビルマの独立は、戦況を有利に導くとして全面的に協力することにした。そこで日本にタキン・アウンサンらビルマの独立運動の指導者を呼び寄せ、軍事教練を行い、帰国後に独立軍を組織させた。ビルマ独立軍は日本軍の支援のもとイギリス軍と戦い、ビルマ国内からイギリス軍を駆逐した。

イギリス軍を駆逐した後、日本軍は独立準備委員会を作り、ビルマを独立させた。だが、独立したビルマ国は日本の傀儡国家の色彩が強く、タキン・アウンサンらを大きく失望させることになった。そのため、第二次世界大戦の終盤では、タキン・アウンサンらは逆に対日抗戦に転じることになった。

このように大日本帝国のアジア政策は、功罪入り混じる複雑なものなのである。

本章では、大日本帝国とアジアに関する重要な事実をなるべく客観的に羅列し、あの時代、アジアで一体何が起きていたのか、ということを冷静に分析していきたい。

# 2

## 【日韓併合、その埋めがたい歴史観の差】

# 大日本帝国はなぜ韓国を併合したか？

### ●明治元年からあった韓国征服論

大日本帝国とアジアの関係を見るとき、まず触れなければならないのは、韓国との関係であろう。

現在、日本と韓国の関係は少なくとも表面上は穏やかなように見える。韓流ブームなどに代表されるように、近年では韓国の文化が日本に紹介されることも多い。外交や経済といった面だけでなく、多くの観光客が両国を行き来するなど、民間レベルの交流も活発化している。

だが、それでもなお、両国の間には埋まらない溝がある。大日本帝国時代、日本から併合を受けていたことが、韓国の人々の間に暗い記憶として残っているからだ。

大日本帝国が韓国を併合したのは、明治43（1910）年の朝鮮併合がきっかけである。

だが、大日本帝国はそれ以前から朝鮮半島を狙っていた。

大日本帝国で朝鮮半島の征服が初めて朝議に上がったのは、明治元（1868）年のことだった。

その頃、新政府は戊辰戦争で戦った「官軍」の置き場所に困っていた。新政府は彼らを正式な兵士として採用することは考えておらず、必然的に官軍の大半は失業することになっていた。そうなれば、彼らは新政府に牙をむくかもしれない。そこで新政府は「官軍」を朝鮮に派遣してしまおう、と考えたのだ。

当時、朝鮮はまだ開国しておらず、明治新政府との国交も樹立していなかった。日本は新政府が発足するやいなや、朝鮮に使者を派遣し、国交の樹立を呼びかけた。だが、日本の西洋化政策を快く思っていなかった朝鮮は、明治新政府の文書に誤りがあるとして呼びかけに応じなかった。当時の朝鮮は、欧米諸国との間で摩擦が生じていた。いち早く開国し欧米化していく日本のことを警戒していたのだ。

明治新政府首脳の一部からは「朝鮮は無礼だ」とし軍を派遣して力ずくで開国させよう、あわよくば占領してしまおう、という意見もでてきた。

しかし、この意見は一旦退けられる。明治新政府は、外交的にも内政的にも片づけなくてはならない問題が山積しており、朝鮮に出兵するような余裕はなかったのだ。

この征韓論は、明治6（1873）年に再燃する。不平士族たちの意をくみ取った西郷隆盛、後藤象二郎、江藤新平らが、再度、征韓論を唱えたのだ。

当時、岩倉具視や大久保利通たち政府要人は、大挙して欧米を視察していた。前述した岩倉使節団である。西郷らは、この岩倉使節団の留守をつく形で、征韓を政策として決定させてしまったのである。

岩倉、大久保利通らは、この報に接して仰天する。欧米の先進文化に接した岩倉、大久保らは、日本の国力のなさを痛感していた。

「今の日本は朝鮮に出兵している場合ではない」

として、西郷らの決定に強硬に反対し、これを覆してしまったのだ。それに怒った西郷隆盛、後藤象二郎、江藤新平らは野に下ることになった。

しかしその2年後、日本は結局、朝鮮に兵を差し向けることになる。

明治8（1875）年、未だに開国をしていなかった朝鮮に対し、英米の意向も受けた日本は軍艦3隻を派遣した。軍艦で威嚇し、開国させようとしたのだ。

軍艦3隻のうちの雲揚号は9月20日に江華島の砲台と交戦し、翌日、陸戦隊を上陸させ軍民を殺傷、城塞に火を放った。この事件を口実にして、日本は黒田清隆を全権大使として朝鮮に派遣し、開国を迫った。翌年2月26日、朝鮮は日本の要求をのみ、日朝修好条規に調印した。

この日朝修好条規は、朝鮮での日本人に対する裁判権を認めないなど、不平等な内容の条約だった。日本は、ペリー来航時に欧米からされたことをそのまま朝鮮にしたわけである。

またこの日朝修好条規には、「朝鮮は自主の国」と明記されていた。これは、朝鮮を清の支配から切り離すための布石だった。

## ●なぜ韓国は日本に合併されたのか？

その後、朝鮮半島は、大日本帝国にとって頭痛の種となる。

朝鮮半島は清、ロシア、日本が角を突き合わせる要衝の地である。この地域をどこの国が取るか（影響を及ぼすか）というのは、死活問題になりかねない。

当時の朝鮮は、清を宗主国としており、清の影響下にあった。しかしその清は、アヘン戦争で敗れて以来、欧米列強の食い物にされている。宗主国の清さえ食い物にされているのだから、朝鮮が食い物にされるのは時間の問題ともいえた。日本としてはそれは何としても避けたい。

しかし、清は「朝鮮は清の属国であり、日本は口出しをするな」という姿勢をつらぬいてきた。そのため、明治27（1894）年、朝鮮の宗主国の座をかけて日清戦争が起きるのである。

日清戦争では日本が勝利したので、朝鮮の宗主国は日本になるはずだった。が、当時の国際情勢がそれを許さなかった。清が日本に負けたのを見て、ロシアが朝鮮に食指を動かしてきたのだ。また朝鮮の方も、日本の影響力を排除するために、ロシアを後ろ盾にしようとした。

そのため、日本とロシアの関係は悪化し、日清戦争の10年後に日露戦争が起きるのである。この戦争の勝利で、ようやく朝鮮半島は完全に日本の支配下となったのだ。

その後、朝鮮は日本の保護国とされ、１９１０年には併合されることになる。

日本の朝鮮の保護国化に際して、国際社会からの非難は起きなかった。

その最大の要因は、アメリカ、イギリスという二大国が了承したからである。

アメリカは桂・タフト協定によって、イギリスは第二次日英同盟において、日本の朝鮮保護国化を認めた。

当時、アメリカはフィリピンを植民地化しており、イギリスはインドを植民地化していた。アメリカ、イギリスは、自分たちの植民地を認めさせる代わりに、日本の朝鮮の保護国化も認めたのである。

「あなたのことを非難しないので、私のことも非難しないでください」

ということである。このように当時の国際情勢というのは、強国同士の自分勝手な都合で決められていたのである。

大正6（1917）年に、大日本帝国が統治する朝鮮の黄海道に作られた日本製鐵兼二浦（けんじほ）製鐵所（『目でみる昔日の朝鮮』国書刊行会より）

## ●大日本帝国統治時代の朝鮮

こうして大日本帝国による朝鮮半島の統治が始まった。その内容を巡っては、大日本帝国の他のアジア地域への進出と同様、いやそれ以上に肯定と否定とが対立している。

現在でも両国の研究者によって研究が続けられている分野であるため、ここでは事実のみを記載することにしよう。

大日本帝国は、朝鮮の近代化を第一の目標にした。そのため、多額の国家予算を投じて、上下水道や電気、鉄道などのインフラを整えた。また市場を開設し、産業の基盤を作った。人材の育成も急務だったため、教育を普及させ、6番目の帝国大学となる京城帝国大学をソウルに設置した。

朝鮮総督府は、あいまいだった土地の所有権を整理するために土地の区画調査を行った。その際、所有者が不明な土地や国有地とされた土地は接収され、その一部が日本人農業者などに払い下げられた。戦争が差し迫った１９３９年には、日本式の戸籍制度を導入し、創氏改名なども行っている。

現在でも大日本帝国の朝鮮統治を巡っては、様々な見解が入り乱れている。

この分野については、日韓両国の感情的対立がまだ激しく、冷静な研究は緒についたばかりだからだ。歴史観の違いを埋めることは非常に困難な作業であるが、一時的な感情に流されるのではなく、日韓両国の良好な関係に結びつくような有意義な研究がなされることを期待したい。

## 3

## 【大日本帝国の「対華21カ条要求」に失望した中国】

# 中国との遺恨はなぜ生じたのか？

### ●中国も日本に学ぼうとしていた

大日本帝国への中国の反感というのは、非常に激しいものがある。現在でも、中国は反日感情が強いが、それはもちろん大日本帝国時代の恨みからきているのである。

日本側としては、「なぜ中国は日本ばかりを毛嫌いするのか？」という疑問もあるだろう。たしかに日本は中国に侵攻した。だが、それは欧米列強も同じだった。それなのになぜ日本ばかりを恨むのか？　ということである。

しかし、中国には中国の言い分がある。中国としては、日本に期待をしていたのである。その期待が裏切られた分だけ、恨みが募ったという面が大きいのだ。

近代中国というのは、欧米諸国からの侵攻に苦しみ抜いてきた。だが、中国もそれを手をこまねいて見ていたわけではない。特に民衆は必死に反発していたのだ。

日清戦争後、フランス、ドイツ、ロシアが遼東半島などを強引に租借した。この租借地ではいずれも、住民による抵抗運動が起きており、しばしば暴動に発展した。

たとえば、1897年、神父の殺害を口実にドイツは膠州湾を占領した。この事態に対し、中国の新聞「上海中外日報」は「この国家の大恥を天下は直視していない。これで国といえようか。今日中国が救亡を図るとすれば欧米列強との戦争しかない。その手始めにドイツと戦うべし」と激しく蜂起を促していた。それに呼応するかのように、ドイツが租借していた山東各地で暴動が起きている。

また日露戦争のきっかけとなった義和団の乱も、その目的はロシアを満州から追い出すというものだった。1898年、ロシアは13隻の艦隊と兵力2万5000を旅順に派遣、そこから上陸すると満州を占領し、強引に鉄道の建設を始めた。これに反発した中国民衆が義和団の乱を起こしたのだ。

このように、近代中国の歴史というのは、欧米への反抗の歴史だともいえる。

そして、欧米の侵攻に苦しんできた中国にとって日本は希望の星でもあった。開国以来、大掛かりな国の構造改革を成し遂げ、迅速な近代化に成功した日本は、中国にとっては手本のような存在だった。

そして日本への羨望がピークに達したのが、日露戦争である。中国は日本の勝利を絶賛した。日露戦争における日本の快勝は、中国に大きな希望と自信を与えたのだ。

日本の勝利に勇気づけられた中国は、自ら行動を起こすようになった。日露戦争当時、アメリカは中国人移民の排斥政策をとっていた。中国ではその報復としてアメリカ製品の不買運動が急速に広まった。中国国内のみならず、華僑のいるアジア全土に広がったのだ。

日本に留学経験がある周恩来（左）と蒋介石（右）

華僑が多かったバンコク・タイムズでは、このアメリカ製品ボイコット運動を次のように報じている。

「日本の対ロシア戦争の成功が、〝おとなしく控えめな〟中国人を奮起させ、アメリカの反中国人法令に対する抵抗を、前例のないほど断固たるものにしている」

また日露戦争前後、中国からの日本への留学は激増した。「日本に学べ」というのが中国の知識人たちの合言葉のようになり、こぞって子弟を日本に送ったのである。

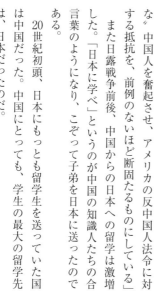

20世紀初頭、日本にもっとも留学生を送っていた国は中国だった。中国にとっても、学生の最大の留学先は、日本だったのだ。

日本に留学していた著名人も多い。毛沢東の後継者であった周恩来も1917年に東亜高等予備学校に入学しているし、かの蒋介石も陸軍士官学校の準備教育をしていた振武学校の卒業生である。また小説家の魯迅も一時期日本に留学していたことがあり、そのときの恩師、藤野厳九郎のことを小説にしている。

しかし、ある出来事を境に、中国の日本敬愛の念がぱったりとなくなる。そして、逆に強烈な反日感情が生じる。

その出来事というのは「対華21カ条要求」である。

## ●中国を激怒させた「対華21カ条要求」

日露戦争で一躍、アジア諸国の人気者になった日本。いや、アジアのみならずアラブや南米やアフリカなどヨーロッパの支配に苦しんでいる世界中の地域で、日本は羨望の的となった。この日本の人気が一気に凋落する出来事が「対華21カ条要求」である。

日本人にはあまりピンと来ないかもしれないが、中国人は今でもこの「対華21カ条要求」のことを恨んでいる。この要求を受け入れた日（5月9日）は、中国の国辱記念日となっているほどである。

対華21カ条要求というのは、一体、どのようなものなのか？

第一次世界大戦中、日本はイギリスとの同盟関係により、ドイツに宣戦布告し、中国のドイツ租借地である山東半島などを攻撃した。日本はそこからドイツ軍を駆逐すると、そのまま占領を継続した。日本の狙いは、欧米諸国が泥沼の戦いを続けているうちに、中国における権益を一気に拡大することだった。ドイツが持っていた山東半島の租借権や鉄道管理権をそっくりいただくつもりだったのだ。その際に中国に突き付けたのが、対華21カ条要求である。

大日本帝国に反発し、デモ行進をする北京の学生たち

当時の中国は、辛亥革命により清が倒れ、中華民国が樹立していた。この中華民国の大総統袁世凱に対し、大正4（1915）年1月18日、大隈重信内閣（加藤高明外務大臣）が21条からなる要求を突き付けた。

その内容は、ドイツが山東省に持っていた権益を譲り渡すことの他、旅順や大連などの租借権の延長、満州での日本人による商工業の自由など、日本の権益を大幅に拡大させるような条項が盛り込まれていた。

さらに中国側として屈辱的なことに、「外国から借金が必要な場合は、まず日本に相談すること」「政治、経済、軍事に日本人顧問を雇い入れること」や「中国の警察に相当数の日本人を雇い入れること」など、国の統治権まで侵害するような内容も含まれていた。

この21カ条の要求は、ある意味、当時の中国が抱えていた問題を的確に捉え、その改善策を提示しているものでもあった。当時の中国は、近代化のためにやみくもに外国から資本を導入し、それがために外国に様々な権益を奪われて、にっちもさっちもいかない状況に陥っていた。日本としてはそれを食い止めるために「金は日本が貸すから、外国からは借りるな」という意も含まれていたようである。

だが、この要求はあまりに傲慢だった。

日本側の要求に多少なりの善意が含まれていたとしても、中国を対等な国家として扱っていないのは明白である。しかも、巨大な権益を要求しているのだ。

日本のこうした仕打ちに、中国は大きなショックを受けた。アジアの救世主だと思っていた日本が、ヨーロッパと同じように侵攻を始めてきたも同じだったからだ。中国から見れば「第一次世界大戦でやっとヨーロッパの侵攻が弱まったと思えば、今度は日本か」という状態だったのである。

これを機に、中国の日本に対する羨望は、憎悪に変わった。この21カ条の要求が出されたとき、中国の留学生も一斉に帰国する事態となった。日中関係は一気に冷え込み、満州事変を契機に日本と中国は泥沼の戦争に陥っていくのである。

# 4 満州とは何だったのか？

【大日本帝国が最後までこだわり抜いた土地】

## ●満州事変のきっかけは経済戦争

満州事変、満州国の建国……言わずと知れた近代日本史の分岐点である。

この出来事を境に、日本は国際的に孤立し、泥沼の戦争に突き進んでいった。

しかし、現代の我々にとって、満州事変や満州国というのは、今ひとつわかりにくいものでもある。なぜ、当時の日本人はそれほどまでに満州にこだわったのか？

小中学校の教科書に載っている満州国建国の経緯は、おおむね次のようなものである。

親日派だった中国の軍閥の張作霖が、関東軍の謀略によって殺され、関東軍はそれを中国側のせいにして戦闘に持ち込み、満州を占領し、満州国を建国してしまった。

しかし、この説明では、不明な点が多々浮かぶはずである。

張作霖はなぜ殺されたのか？

関東軍はなぜ戦争を仕掛けたのか？

満州国というのは、「理想主義的な国家建設」として語られることもある。欧米列強の侵攻を排し、各民族が真に平等で平和な国をつくろう、ということである。たしかに、当時の日本でそういう思想があったのは間違いない。

しかし、歴史上の革命や戦争のほとんどは、イデオロギー的な理由だけで起きたものではない。共産主義イデオロギーによって成されたとされる「ロシア革命」にしても、その背景にはロシア国民の貧困があった。歴史はイデオロギーだけで動くことはほとんどない。何か経済的な背景があるはずである。

満州国の建国の場合も、もちろん経済的背景があった。

しかも、それは非常に現実的かつ具体的なものであった。ありていに言えば、満州国の建国は、南満州鉄道（通称・満鉄）の利権争いが発端になっている。

それを紐解くには、まず南満州鉄道の歴史に触れなければならない。

満鉄の歴史は、大日本帝国の歴史のほぼ中間点である1906年に始まる。

日露戦争での勝利により、日本は南満州の鉄道建設の権利を獲得した。これは、もともとロシアが中国に強要して保持していた権利を、日本が分捕ったということである。

南満州鉄道は、日本の大陸進出の足がかりとなった。

日本がロシアから譲り受けた路線は、東清鉄道の長春〜大連間と長春以南の支線である。

長春は広大な満州の中心に位置しており、大連は遼東半島の先っぽである。つまり満州の中心部から、海までの大動脈ともいえる７００キロの路線が手に入ったのだ。この鉄道を経営するために、半官半民で作られたのが南満州鉄道である。

日本は鉄道だけではなく鉄道付属地も譲り受けた。鉄道付属地とは、鉄道施設のある場所のことだが、実際は都市の行政権をも握ることになった。そのため、満鉄は「鉄道経営」だけではなく、沿線都市の事実上の行政権も獲得したのである。

日本はロシアから遼東半島の租借権も譲り受けているので、遼東半島と満鉄沿線の都市を入手したことになる。この鉄道付属地の中には、豊富な埋蔵量を持った撫順の炭鉱もあった。また満鉄は後に鞍山で鉄の大鉱脈を発見し、鉄道付属地内に昭和製鋼所を建設している。

## ●金の成る木だった南満州鉄道

南満州鉄道については、政治的な分析は今まで数多く行われてきた。が、経済的な視点から論じられることは少ない。しかし、物事の本質は実は経済視点にある場合が多い。なので、南満州鉄道が実際、どのくらいの収益をあげていたのか見てみたい。

満州事変前に、南満州鉄道が最高の収益をあげたのは、昭和３（１９２８）年のことである。この年、鉄道部門で7489万円、会社全体で4551万円の収益をあげた。当時は、国の歳出が15億円程度、軍事費が4億円ちょっとだった。満鉄の鉄道部門だけで軍事費の5分の1を稼ぎ出した計算となる。

一鉄道会社が、なぜこれほど大きな収益を稼ぎ出したのか？

その背景には、当時の産業事情がある。

当時、もっとも有効な交通機関は鉄道だった。道路がまだ整備されておらず、自動車も普及していないので、鉄道の存在は非常に大きいものがあった。

日本は南満州において鉄道の独占権益を握っていた。清朝と覚書を結んでおり、清は南満州鉄道に並行する鉄道を作ることができないことになっていた。つまり、満州という広大な陸地で、主要鉄道の独占営業権を持っていたわけである。

満州の広大な大地では大豆などの穀物が生産されており、石炭や鉄鉱石といった資源も豊富だった。それらの輸送を一手に担ったのが満鉄だった。これで儲けないはずはなかったのだ。

だが、中国としては当然、そんな状況が面白いはずがない。南満州鉄道というと、中国の物流の基幹ともいえる存在である。その運営権を他国に握られ、利益も独占されているのだ。今の日本でいうならば、東海道新幹線を外国に握られているようなものである。

清の後を継いだ中華民国の政治目標は、諸外国が保持している中国の権益を取り戻すことだった。そのため、満州でも日本の南満州鉄道を回収しようとする運動が始まった。

当時、満州を支配していた軍閥の張作霖は、当初、親日的な立場をとっていた。だが、中国の権益を日本から取り戻したいとも考えていた。

張作霖は、この満鉄の利権を、武力を使わずに奪い取ろうという計画を立てた。

そして1924年に「東三省交通委員会」という鉄道会社を作って、南満州鉄道に並行する鉄道の建設を始めた。この離反行為は、日本の怒りを買った。そして1928年、張作霖は関東軍の策略で爆死させられてしまうのだ。

しかし、中国側はひるまなかった。張作霖の爆死以降、この計画は大幅に拡充された。日本は、当初はこの「東三省交通委員会」を静観していた。中国にはまだ鉄道を作り、運営する技術はないと踏んでいたからだ。

南満州鉄道のシンボルだった特急「あじあ」

案の定、中国の鉄道運営技術は低く、「東三省交通委員会」の列車の運行はたびたび遅れた。

だが、東三省交通委員会は、満州でのシェアを次第に拡大していく。満鉄を利用する業者には多額の税金が課せられ、しかも東三省交通委員会の運賃が満鉄より安かったからだ。昭和3（1928）年と満州事変が勃発した昭和6（1931）年を比較すると、満鉄の収益は全体で約4分の1に激減し、鉄道収益で約35%、港湾収益で約50%も減少している。ここにきて、日本は大慌てとなった。

日本は中国側に抗議した。しかし中国側はまったく意に介さなかった。

当時、満州には日本の若者が大勢、渡っていた。彼らは大陸浪人などと呼ばれ、不景気の日本本土で職を得られずに、大陸に渡って一旗揚げようともくろんでいたのだ。

この大陸浪人たちを中心に、満州の日本人の間で、中国の競合路線建設を糾弾する動きが活発化した。満州各地で決起集会が開かれ、そこに関東軍の幹部も呼ばれることが多かった。関東軍は、満州在住の日本人の意を汲んだ形で、ついに戦闘を開始するのである。

それが、昭和6（1931）年に勃発した満州事変なのである。

## ●植民地は貧しい農家の移民先となった

日本が満州に固執したのは、人口問題も関係している。

大日本帝国では、建国以来、爆発的な勢いで人口が増加していた。幕末は３０００万人ちょっとだったのが、昭和初期には６０００万人を大きく超え、太平洋戦争前には７０００万人を突破している。

当時の政府は、これだけの人口をとても日本国内だけではまかない切れないと考えた。そのため、政府は南北アメリカを中心に移民を奨励していたが、昭和初期くらいになると移民を受け入れる国もなくなっていた。そのため、日本は新たな移民先を探さなければならなくなった。その移民先としてもっとも期待されたのが、満州なのである。

満州国が建国されるとすぐに、日本は満州への大規模な移民計画を立てた。１９３２年から４５年までの間に５００万人を移住させ、満州の原野を開拓させるというものである。５００万人といえば、当時の日本の人口の７％にあたる。この計画は戦争により縮小し、終戦までに満州に渡ったのは27万人だった。彼らは終戦とともに、命からがら日本に逃げ帰ることになる。

国は、満州には「豊穣な土地が広大にある」と喧伝し、開拓移民者を募った。開拓者のみならず、開拓者の花嫁となる女性たちも「大陸の花嫁」として募集された。農家の二男など生活する術のない多くの青年たちが、この募集に応じた。

しかし、移民者たちに与えられた土地は凍てつく原野ばかりだった。満州の開拓地は飲料水などの生活基盤が不十分で、冬は摂氏マイナス30度にもなる。伝染病や栄養失調などで健康を害する開拓民は引きも切らず、満州での乳幼児の死亡率は日本国内の2倍に達していた。

満州は治安も決してよくなかった。匪賊と呼ばれる無法集団が、各地で反日的な破壊活動をしたり、山賊行為などを働いていた。たとえば、1932年の満州では、毎日平均4回の匪賊による襲撃があり、満州開拓団は、農作業よりもまず、匪賊からの防衛に力を注がなければならなかった。

だが、そんな土地でも大日本帝国にとっては、決して手放すことができない土地だった。だからこそ、太平洋戦争前、アメリカから満州からの軍隊の撤退を求めるハル・ノートを突きつけられた大日本帝国は、交渉の席を立ち、勝てないと分かっていた戦いに突き進んだのだ。国家の命運を左右する満州、それに固執したがために破滅に追い込まれた大日本帝国。歴史というのは、皮肉なものである。

# 5

【大日本帝国はアジアの革命拠点だった!?】

# アジア諸国の独立と大日本帝国

## ●アジアの独立運動の拠点は東京にあった

大日本帝国は欧米の植民地になっていたアジア諸国に対し、独立運動の支援を積極的に行っていた。というより当時の日本は、アジアの独立運動の連絡センターのような存在だったのである。

20世紀前半のアジア諸国の独立運動家のほとんどは、日本を訪れるなどして、日本の支援を受けていた。アジア諸国で「建国の父」「独立の父」などと称される独立運動の功労者にも、日本に留学経験があるものは非常に多いのだ。

たとえば、辛亥革命を起こした孫文、中華人民共和国建国の功労者である周恩来、中華民国の指導者である蔣介石、ミャンマー独立の父とされるアウンサン将軍、20世紀初頭のベトナム独立運動の中心的存在だったファン・ボイ・チャウなども、みな日本への留学経験があった。

留学だけでなく、革命資金を日本から支援してもらうケースも多かった。孫文は、宮崎滔天や右翼の大物の頭山満らから支援を受け、革命資金を調達している。帝国ホテルを作った大倉財閥の大倉喜八郎からも、革命資金として300万円もの融資を受けている。また映画会社エム・パテー社（日活の前身）を経営していた梅屋庄吉も、孫文に資金提供していた。辛亥革命で使われた武器の多くは、日本が援助したものだったのである。

またインドの独立運動家ラス・ビハリ・ボースは、新宿の西洋レストラン中村屋の支援を受けている。ラス・ビハリ・ボースは、第一次大戦中にイギリスのインド総督を暗殺しようとして失敗し、日本に亡命していたのだ。

ベトナム独立運動のファン・ボイ・チャウも、1905年横浜に上陸、日本に援助を乞うている。ファン・ボイ・チャウは、ベトナム人の若者を多く日本に留学させたが、この留学生たちが東京で作った「新ベトナム公憲会」という組織が、後の独立運動で大きな勢力となった。

このように、アジア諸国の独立運動への日本の支援は、枚挙にいとまがないのである。だから「日本がアジアを解放したいと考えていた」のは、間違いないことなのである。

## ●なぜ東南アジアは簡単に日本軍の手に落ちたのか？

大日本帝国は、太平洋戦争の開戦とともに東南アジアに進出した。

当時、東南アジアのほとんどは（タイなどの一部の国を除く）イギリス、アメリカ、フランス、オランダなどの植民地になっていた。日本軍がここに進出するという事は、必然的に英米軍との対決となった。

このアジア侵攻戦の緒戦は、日本軍の圧勝に終わった。日本は、開戦から数ヵ月のうちにフィリピンのアメリカ軍、シンガポールのイギリス軍、インドネシアのオランダ軍などを駆逐した。たとえば、日本軍のマレー半島上陸時、この地域でのイギリス軍の兵力は14万人だった。日本軍は3万5000人だったので、4倍の兵力差があった。

しかし、イギリス軍は、現地軍やオーストラリア軍などとの寄り合い所帯だった。その内訳は次の通りである。

| | |
|---|---|
| イギリス本国軍 | 3万8000 |
| オーストラリア軍 | 1万8000 |
| インド軍 | 6万7000 |
| マレー義勇軍 | 1万4000 |

この寄り合い所帯では、戦争遂行に統一性を欠いた。しかもイギリス本国軍以外の現地軍は、士気が非常に低く、叛乱の危険さえあったのだ。

日本軍は、F機関と呼ばれる諜報機関などによって、事前にこの地域でインドやマレーの独立運動家らを支援し、イギリス軍への蜂起を誘導させたのだ。F機関は、マレーの「マレー青年同盟」やバンコクの「インド独立連盟」などと協定を結び、対イギリス軍への共闘を行った。日本は「インド独立」「マレー独立」などを掲げて進軍し、イギリス軍の中のインド兵にも投降を呼びかけた。

マレー半島の人々は、日本軍を解放軍として歓迎し、逆にイギリス軍には抵抗運動を行った。イギリス軍は、内部にインド兵を抱えており、彼らの叛乱にも怯えなければならなかった。

またオランダ領のジャワ島では、日本軍が進軍してきたとき、多くの現地人が日の丸を掲げて歓迎した。もちろんそれを見たオランダ軍の士気は低下し、日本軍はほとんど無血開城のような状態で進軍し、上陸からわずか10日でジャワ島のオランダ軍を降伏させた。東南アジアが簡単に日本軍の手に落ちたのは、欧米諸国植民地主義への怨嗟のたまものともいえるのだ。

昭和16（1941）年12月８日（真珠湾攻撃と同日）、クアラルンプールに突入する日本軍

マレーシアの中学2年生の教科書では、日本の迅速な勝因として、次のように書かれている。

「現地の人びとの多くは、日本のスローガンを信じた。日本は自分たちが『アジア人のためのアジア』のために戦っているんだといっていたのだ。これは、日本がヨーロッパ人を追い出してアジアの国々を解放したいという意味である。多くのアジア人は日本を解放者だと思った。日本が進出してくることに、地元住民の激しい反対はなかった。日本の進出のあとになって、やっと現地の住民は、日本が約束を守らないことに気づいた」

　つまり、アジアの人々は、ヨーロッパの支配に苦しめられており、日本は当初、解放者として迎えられたというわけである。

　またこの教科書には次のようなことも述べられている。

「日本の海軍は非常に強かった。軍の幹部はドイツを中心とするヨーロッパ諸国で訓練を受けた。ドイツは当時、もっとも洗練された軍隊を持っていた。兵士は以前から日本の社会のなかで非常に尊敬される階級であった。彼らは『武士道』という規範を持っていた。武士道によると、兵士は勇気があって、義務を果たすのに忠実で、苦痛に十分耐えることができ、上官の命令に対して従順でなければならない」

この記述には、日本軍に対する尊敬の念さえ見え隠れしているといえる。現在も存在している国が敗戦国の日本に対して、教科書でそうそう良いことを書けるわけはなく、その制約を考えると、最大限の賛辞だとも言える。

なにはともあれ、当時のアジア人たちがヨーロッパのくびきを外したいと考えており、日本軍がそのきっかけを作ったのは間違いないところだと言えるだろう。それが、太平洋戦争の緒戦で、英米蘭軍が完敗した要因だといえる。

# 6 【アジアの各地で活躍した残留日本兵の真実】アジアの独立戦争に参加した旧日本兵

## ●アジア各地の独立戦争に参加した旧日本兵

日本軍の中には、本当に「アジアの解放」という理想に燃えている者も数多くおり、第二次大戦終結後も、日本に帰還せず、アジア諸国の独立運動に身を投じたものも多かった。

現在の研究では、終戦の昭和20（1945）年8月の時点で、アジア諸国には2万人の日本の残留兵がいたという。残留兵というのは、日本への帰国を拒んだ、もしくは何らかの事情で帰国できなかった日本兵のことである。

彼らは、アジア諸国の独立戦争に参加し、大なり小なり独立に貢献している。

たとえば、インドネシアでは903名の日本兵が何らかの形で残留兵となり、インドネシア独立戦争に参加したという。

またベトナムでも700人から800人の日本兵が残留した。その多くは下士官や兵卒だったが、一部には士官やエリート将校もいた。たとえば、陸軍少佐だった石井卓雄も、終戦時、部下などともに義勇兵としてベトナム独立運動に参加した。

さらにマレーシアでも100人ほどの日本兵が残留し、独立闘争に参加、軍事面では中心的な地位にいたことがわかっており、ビルマにも1000人から2000人の日本兵が残留したという。その他、中国にも日本兵が残留しており、旧関東軍第二航空軍第四練成飛行部隊のメンバー300人は、中国空軍の創設に大きな役割を果たしたといわれている。

このように、日本軍（日本兵）は第二次大戦後、ほとんどのアジア諸国の独立戦争になんらかの形で参加している。

第二次大戦前まで、アジア諸国のほとんどは近代的な武器を装備した軍はなく、大掛かりなレジスタンス活動は行えていなかった。彼らにその装備を与えたのは日本軍だったといえる。

そういった意味では、アジア諸国の独立に日本が一定の役割を果たしていたということは、間違いない。

## ●ベトコンを養成した旧日本軍

ベトナム戦争というと、超大国アメリカがアジアの小国に一敗地にまみれた戦争として歴史に刻まれている。

ベトナム戦争では物量では圧倒的に勝るアメリカ軍に対し、ベトナム兵（いわゆるベトコン）はジャングルを最大限に生かしたゲリラ戦を展開し、アメリカ軍を徐々に追い詰めていった。

このベトコンのゲリラ戦術というのは、実は日本軍が教えたものだった。

太平洋戦争末期、日本軍はきたるべき本土決戦のためにゲリラ戦を研究していた。そのノウハウを残留日本兵がベトナムに教授したのである。極端にいえば、ベトナム戦争というのは、行われることがなかった太平洋戦争における日本の本土決戦を、ベトナムで実行したもの、ということなのである。

日本軍のゲリラ戦法をベトナムに授けたのは、前述した陸軍少佐石井卓雄を中心とした残留日本兵の義勇軍である。石井卓雄は、自分の所属していた第55師団の有志で義勇軍を結成し、ベトナム独立戦争（第一次インドシナ戦争）に参加した。石井は召集兵はなるべく帰国させ、職業軍人を中心に義勇軍を作ったという。また石井卓雄は、ベトナムの独立戦争に参加することは、師団司令部に報告し了承を得ている。言ってみれば、石井は旧日本軍の使命としてベトナム独立戦争に参加したということである。

もともと石井卓雄は秘密戦、遊撃戦のスペシャリストだった。秘密戦、遊撃戦というのは、いわゆるゲリラ戦法のことを指す。その技術をあますところなく、ベトナム人に教え込んだのである。

石井卓雄は、ベトナムの士官養成学校である「クァンガイ陸軍中学」の教官を務め、ベトナム軍人の養成にも尽力した。当時のベトナムでは、初等教育さえほとんど行われておらず、中学校というのは事実上、最高の教育機関だった。だから「陸軍中学」という名称ながら、実際は「陸軍大学」と同じ程度の価値があった。

このクァンガイ陸軍中学には、18歳から25歳くらいまでの中学卒業者400人が集められ、100人を一大隊として、4大隊に分けて訓練が行われた。4大隊ともに教官は日本人だった。当時のベトナムでは中学卒業者は、エリート中のエリートである。この大事な人材の教育が、日本人の手にゆだねられたのだ。

この陸軍中学があったクァンガイ地方は、対フランス戦争、対アメリカ戦争でもベトナム軍の重要な拠点となり激しい抵抗運動や戦闘を行った。1968年、アメリカ軍が無抵抗な村民を虐殺して国際的な非難を浴びた「ソンミ村虐殺事件」も、このクァンガイ地方が舞台である。

旧日本兵は、クァンガイ陸軍中学に限らず、ベトナム各地の軍養成機関で、中心的な役割を果たした。たとえばベトナム北部のバクソン軍政学校の教官にも数名の日本人が入っていた。

昭和21（1946）年、第一次インドシナ戦争が始まると、石井はベトナム独立軍の顧問として戦争に参加した。石井らの残留日本兵グループが参加した第308小団は精強部隊と謳われた。石井は昭和25（1950）年、フランス軍の地雷により戦死したとされている。

残留日本兵は、第一次インドシナ戦争の終結まで、ベトナム独立軍に参加し、ベトナムの独立に大きな役割を果たしたと言われている。

ベトナム政府は、残留日本兵の労に報い、1990年代には日本に帰還した旧日本兵たちに勲章を与えている。

第二次大戦の敗戦国である日本の兵士に、後年、他国が勲章を与えたというのは非常に珍しいケースである。ベトナムにとって、それほど残留日本兵の存在は大きかったということである。

# あとがき

太平洋戦争も昭和18（1943）年になると、大日本帝国は明らかに劣勢になった。しかし、その期に及んでも、「政治不在」の状況は変わらなかった。次第に戦局が悪化し、国力も疲弊していっているにも関わらず、政治は有効な手立てを講じようとはしなかった。高官と呼ばれる人々は、誰もが、成り行きを見守っているだけ、という状態だったのである。

やがて日本は太平洋での制海権、制空権をほとんど失ってしまい、本土への敵機の大規模な来襲を許す事態になった。昭和20（1945）年になると、ナチス・ドイツも降伏し、日本一国だけが世界中を敵にして、絶望的な戦争を続けている状態となった。それでも、日本の首脳は戦争をやめる決断ができなかった。

戦争を終わらせれば、国民は「今までの戦争はなんだったのか?」と怒り狂う。敗戦を口に出せば、軍部や右翼からにらまれ暗殺される恐れもある。だから国家首脳の誰もが火中の栗を拾いたくない、ということになっていたのだ。

また大日本帝国の後半の歴史は、国の繁栄を持続させることがいかに難しいか、ということを如実に示しているものでもある。国がダイナミックに勃興すると、国内外に様々な諸問題も生じてくる。残念ながら大日本帝国にはその問題に適切に対処する能力が欠如していたといえる。貧富の格差が拡大すれば、国民の不満は高まる。国民の不満を抑えるためには、経済の活性を鈍らせずに、富の再分配を図らなければならない。大日本帝国にはそれができなかった。それが「軍部の暴走を国民が歓迎する」という異常事態を生んだ最大の要因だといえる。

また近現代の国際社会では、孤立することは、非常に危険なことである。その国にどんな大義名分があったとしても、国際社会で孤立すればやっていけないのである。大日本帝国の首脳部には、その危機意識が大いに欠けていたといえる。

しかし、本文でも触れたが、我々に大日本帝国を笑う事はできないと筆者は思う。

戦後の日本というのは、実は大日本帝国とよく似た足跡をたどっている。太平洋戦争で、アメリカから完膚なきまでに叩きのめされ、アジアの小国に戻った日本は、その後、驚異的な復興を遂げる。戦後、わずか23年目で、自由主義陣営（共産主義を除いた国々）でＧＮＰ世界2位となった。それは、我々が大日本帝国のＤＮＡを受け継いでいるからこそ、成す事ができたものではないのか？

結局、最終的に終戦の決断を下したのは、昭和天皇だった。天皇が動かなければ、他の誰もがそれをできなかったのである。

天皇が敗戦の決断をしても、国民のすべてが納得するわけではなかった。国民に終戦を知らせる「玉音放送」を阻止するため、天皇の言葉を録音した音盤を奪おうと、終戦前日に軍部の一部が皇居に乱入するという事件が起きた。間一髪のところで音盤は守られ、なんとか終戦を迎えられた。これは大日本帝国末期の「政治不在」を象徴する出来事だといえよう。

大日本帝国は、建国からわずか77年で崩壊した。

「大日本帝国の77年」というのは、後世の我々に強い示唆を与えるものである。大日本帝国の歴史の前半は、「国家が勃興することはどういうことか？」の非常にわかりやすいサンプルだといえる。

国力を充実させるためには、まず何よりも教育が重要であること、そして身分や門閥を問わず優れたものに活躍の場を与えること。そうすれば、国は大きく発展する。大日本帝国は、そのセオリーをものの見事に体現しているといえる。弱小国が、強国に対抗するにはどうすればいいか、ということの模範解答とさえ言えるだろう。

そして、大日本帝国が後半に抱えていたものと同様の問題を、現代日本も抱えつつある。

「貧富の差が拡大しつつあるとき、我々は有効な手立てを行っているか？」

「近隣国との関係が悪化したとき、我々は現実的で建設的な対処をとっているか？」

それを考えた時、大日本帝国が崩壊した要因を、現代日本もまた含有したままだといえるのではないか？

その問いを持って、本書の締めとさせていただきたい。

最後に、彩図社の権田氏をはじめ尽力をいただいた方々、そして何よりこの長い本を最後まで読んでいただいた読者の皆様に、心から御礼を申し上げます。

２０２０年初夏　　著者

《参考文献》

『東アジア近現代通史1～5』（岩波書店）／『事典昭和戦前期の日本』百瀬孝著、伊藤隆監修（吉川弘文館）／『日本軍事史　上下』藤原彰（日本評論社）／『岩倉公実記』岩倉公旧蹟保存会編（原書房）／『幕末の武家』柴田宵曲編（青蛙房）／『西洋化の構造』園田英弘（思文閣出版）／『坂本龍馬のすべて』平尾道雄（新人物往来社）／『防長回天史』末松謙澄（柏書房）／『英米仏蘭連合艦隊・幕末海戦記』アルフレッド・ルサン著、安藤徳器・大井征訳（平凡社）／『幕末維新期の外交と貿易』鵜飼政志（校倉書房）／『明治維新と自由民権』石井孝（有隣堂）／『幕末日本と対外戦争の危機』保谷徹（吉川弘文館）／『秩禄処分』落合弘樹（中央公論社）／『維新政権の秩禄処分』千田稔（開明書院）／『廃藩置県』勝田政治（講談社）／『奇兵隊の叛乱』早乙女貢（集英社）／『奇兵隊始末記』中原雅夫（新人物往来社）／『岩倉使節団の歴史的研究』田中彰（岩波書店）／『明治の外国武器商人』長島要一（中央公論社）／『壮丁教育調査概況5』（宣文堂書店）／『教育の文化史』佐藤秀夫（阿吽社）／『長崎海軍伝習所の日々』カッテンディーケ（平凡社）／『日本軍制の起源とドイツ』山田千秋（原書房）／『日清戦争への道』高橋秀直（東京創元社）／『徴兵制』大江志乃夫（岩波書店）／『有坂銃』兵頭二十八（四谷ラウンド）／『日露戦争を世界はどう報じたか』平間洋一編（芙蓉書房出版）／『西洋の支配とアジア』K・M・パニッカル著・左久梓訳（藤原書店）／『日本の戦争ハンドブック』歴史教育者協議会編（青木書店）／『日英同盟』関栄次（学習研究社）／『日露戦争』軍事史学会編（錦正社）／『検証日露戦争』読売新聞取材班（読売新聞社）／『日露戦争に投資した男』田畑則重（新潮新書）／『日露戦争陸戦の研究』別宮暖朗（ちくま文庫）／『徹底図解!! 日露戦争兵器大事典』近現代史編纂会（洋泉社）／『東アジア近現代通史　第2巻』（岩波書店）／『日本経済史』石井寛治（東京大学出版会）／『日本経済史』永原慶二（岩波書店）／『日本経済の200年』西川俊作（日本評論社）／『日本産業史』有沢広巳著監修（日本経済新聞社）／『幕末維新の経済人』坂本藤良（中央公論社）／『長崎海軍伝習所の日々』カッテンディーケ著・水田信利訳（平凡社）／『明治政府と英国東洋銀行』立脇和夫（中央公論新社）／『世相でたどる日本経済』原田泰（日本経済新聞社）／『新体系日本史・産業技術史』〈第4章機械技術（鈴木淳）〉〈第6章繊維産業（玉川寛治）〉（山川出版社）／『ものと人間の文化史「絹」Ⅰ、Ⅱ』伊藤智夫（法政大学出版局）／『製糸工女と富国強兵の時代』玉川寛治（新日本出版社）／『あ、野麦峠～ある製糸工女哀史～』山本茂実（朝日新聞社）／『アジア綿業史論』澤田貴之（八朔社）／『外貨を稼いだ男たち』小島英俊（朝日新聞出版）／『松岡洋右　上下』豊田穣（新潮社）／『日本農業史』木村茂光（吉川弘文館）／『日本の産業化と財閥』石井寛治（岩波書店）／

『近代下層民衆生活誌1～3』草間八十雄（明石書店）／『在郷軍人会』藤井忠俊（岩波書店）／『国防婦人会』藤井忠俊（岩波書店）／『戦前の日本を知っていますか?』百瀬孝監修、昭和研究グループ著（はまの出版）／『一下級将校の見た帝国陸軍』山本七平（文春文庫）／『幾山河』瀬島龍三（産経新聞社）／『私の中の日本軍』山本七平（文藝春秋）／『帝国陸軍の本質』三根生久大（講談社）／『軍人優遇論』武藤山治（実業同志会調査部）／『帝都と軍隊』上山和雄編（日本経済評論社）／『明治・大正のジャーナリズム』（岩波書店）／『新聞と戦争』朝日新聞「新聞と戦争」取材班（朝日新聞出版）／『文明史のなかの明治憲法』瀧井一博（講談社）／『明治憲法の思想』八木秀次（PHP新書）／『満州事変と政党政治』川田稔（講談社）／『選挙違反の歴史』季武嘉也（吉川弘文館）／『日本の政党政治　1890～1937年』川人貞史（東京大学出版会）／『昭和の歴史6　昭和の政党』粟屋憲太郎（小学館ライブラリー）／『全文リットン報告書』渡部昇一編（ビジネス社）／『新聞集成　昭和史の証言9』（本邦書籍）／『昭和天皇伝』伊藤之雄（文藝春秋）／『父の詫び状』向田邦子（文藝春秋）／『大東亜戦争の真実～東条英機宣誓供述書～』東条由布子（WAC）／『日本近代史の虚像と実像3』藤原彰、今井清一、宇野俊一、粟屋憲太郎著（大月書店）／『日本史小百科「外交」』木村昌人編（東京堂出版）／『大東亜戦争の実相』瀬島龍三（PHP研究所）／『戦艦大和の運命』ラッセル・スパー著、左近允尚敏訳（新潮社）／『戦艦大和　上下巻』児島襄（文藝春秋）／『中国留学生史談』実藤恵秀（第一書房）／『アジア留学生と日本』永井道雄、原芳男、田中宏著（NHKブックス）／『藤野先生と魯迅』「藤野先生と魯迅」刊行委員会編（東北大学出版会）／『満鉄を知るための十二章』天野博之（吉川弘文館）／『満州問題の歴史　上下巻』伊藤六十次郎（原書房）／『日本のアジア侵略』小林英夫（山川出版社）／『アジアの教科書に書かれた日本の戦争　東南アジア編』越田稜編著（梨の木舎）／『アジアから見た「大東亜共栄圏」』内田愛子・田辺寿夫編（梨の木舎）／『残留日本兵の真実』林英一（作品社）／『クァンガイ陸軍士官学校』加茂徳治（暁印書館）／『アウンサン将軍と三十人の志士』ボ・ミンガウン著、田辺寿夫訳編（中央公論社）／『大東亜会議の真実』深田祐介（PHP研究所）／『1億人の昭和史14』毎日新聞社／『明治三十七八年海戦史　第2巻』日本海軍軍令部編（芙蓉書房）／『1億人の昭和史　日本人2』（毎日新聞社）／『1億人の昭和史　日本人5』（毎日新聞社）／『望郷　満州』（国書刊行会）／『目でみる昔日の朝鮮』（国書刊行会）／『1億人の昭和史14』（毎日新聞社）／『週刊20世紀　67号』（朝日新聞社）／『週刊20世紀　64号』（朝日新聞社）／『週刊20世紀　68号』（朝日新聞社）／『最新　右翼辞典』堀幸雄（柏書房）日本海軍軍令部編／『明治三十七八年海戦史　第2巻』（芙蓉書房）／新聞各紙

著者略歴
武田知弘（たけだ・ともひろ）
1967年生まれ、福岡県出身。
西南学院大学経済学部中退。塾講師、出版社勤務などを経て、2000年からフリーライターとなる。裏ビジネス、歴史の秘密など、世の中の「裏」に関する著述活動を行っている。主な著書に『ナチスの発明』『戦前の日本』『ワケありな紛争』（以上彩図社）『ビートルズのビジネス戦略』（祥伝社新書）『織田信長のマネー革命』（ソフトバンク新書）がある。

教科書には載っていない　大日本帝国の真実

2020年8月7日第1刷

著　者　武田知弘

発行人　山田有司

発行所　株式会社　彩図社《さいずしゃ》
〒170-0005　東京都豊島区南大塚3-24-4 MTビル
TEL:03-5985-8213
FAX:03-5985-8224

印刷所　新灯印刷株式会社

URL　https://www.saiz.co.jp
https://twitter.com/saiz_sha

 ISBN978-4-8013-0467-3 C0121

本書は弊社より刊行した書籍『教科書には載っていない 大日本帝国の真実』（2011年発行）を再編集したものです。